SPEZEREIWAREN
KAFFEE, TEE
CHOCOLADE
CACAO
BONBONS

*Helmut Beschek * Linz und Urfahr in alten Ansichten - Band 5 **
Die sensationellen Bilder eines großartigen Linzer Fotografen und andere Neuentdeckungen

Vorwort

Nach dem Erscheinen von Band 4, im Jahre 2003 ging die „Bild-Archäologie" heftig weiter und ich entdeckte und erwarb viele Bilder und historische Dokumente von hervorragender Qualität und Bedeutung. Es sind **Neuentdeckungen** *- „Bildarchäologische Ausgrabungen".*
Die Filmnegative (in alten AGFA-Metalldosen) eines hervorragenden Amateurfotografen,
der vermutlich Fernmeldeingenieur im Hauptpostamt an der Domgasse war und auf seinen Wegen zur Arbeitsstätte und in der „Freizeit" immer seine Foto-Kamera dabei hatte, sind Hauptteil. Er wurde so zum Bildchronisten und Zeitzeugen unserer Stadt.
Die Auswahl bewegt sich zwischen den Jahren 1925 und 1940
und ist nur Teil dieses über 600 Aufnahmen umfassenden Materials,
das heißt, unter dem zur Verfügung stehenden Dokumentarmaterial wurde aus diesem Zeitraum ausgesucht bzw. ausgewählt. Neben den neu entdeckten interessanten Fotos kamen auch einzigartige Bildfunde und Dokumente zwischen 1897 und 1950 in das Buch.

Die Bände: **„Linz und Urfahr in alten Ansichten - 1897 bis 1930" Band 1 ;**
„Linz von Ebelsberg bis Urfahr 1925-1965" Band 2 ; **„Die Donaustadt Linz - Von Pichling bis Urfahr" Band 3** *und* **„Linz und Urfahr in alten Ansichten" Band 4**
stellen eine ideale Ergänzung und Bereicherung in Bezug auf die Fotos und Texte dar (siehe nähere Informationen auf den letzten Seiten).
Ich habe auch sehr viele „Bildschätze" aus den 50er, 60er -Jahren erworben und werde sie in einem weiteren, neuen Band 6, vermutlich 2007 veröffentlichen.

Für Sammler und Schreiber gibt es auch eine Ansichtskartenserie (6 Stück - je drei Linz- und Urfahrmotive). Weiters möchte ich auf meine Bücher: **„Das Mühlviertel in alten Ansichten** *- Von Aigen bis Zell bei Zellhof"* *und* **„Niederösterreich in alten Ansichten** *- Von A wie Amstetten bis Z wie Zellerndorf", hinweisen.*

Alles über die unteren Telefonnummern oder im Buchhandel erhältlich. Ich kaufe jederzeit interessantes Bildmaterial (ganz Österreich, Italien und Bayern) und bin für gute Kopien dankbar. Tel.Nr.: 0732/ 73 85 75 oder 0699/ 11 99 66 51, E-Mail: helmut.beschek@liwest.at.

Helmut Beschek, im Oktober 2006

Copyright / Herausgeber: *Mag.art. Helmut Beschek, bild. Künstler und Sammler alter Ansichten und Photographien, Linz.*

Alle Rechte, insbesondere das Recht auf Verbreitung - auch durch Film, fotomechanische Wiedergabe, Bild- und Tonträger jeder Art oder auszugsweiser Nachdruck vorbehalten.

Erste Auflage 2006

Graphische Produktion: *Atelier Beschek, 4040 Linz*
Druck und Bindung: *Landesverlag Denkmayr, Linz*

ISBN 3-9501140-7-6 (ab 20007 gilt die neue Nr.: 978-3-9501140-7-2

Der Autor dankt den nachstehenden Personen und Institutionen für die geschätzte Unterstützung:

Institut für Kulturförderung d. O.Ö. Landesregierung; Kulturamt der Stadt Linz

den Damen: Utz, Mergl, Gnadlinger, Wögerer, Grisendi, Holzer, Starzer, Markowetz, Maurer, Prieschl, Bruckschweiger, Blesberger.
den Herren: Ullrich, Meindl, Haslinger, Dorotka, Schwarz, Langfellner, Buchinger, Kraus und Prat

<u>Titelbild:</u> *Der „Circus Gleich" gastiert vom 17.-30.Mai 1932 im „Variete Kolosseum" auf dem Hessenplatz in Linz. Elefanten-Reklame-Aktion auf der Landstraße(Nr.16).*
<u>Vorsatz:</u> *„Spezereiwaren Franz Wögerer" an der Hauptstraße 41 in Urfahr. Um 1908.*
<u>Nachsatz:</u> *Die Weißenwolffstraße mit der „M-Linie"- Straßenbahn, bei der Kreuzung- Nietzsche-Garnisonstraße. Etwa um 1930 (noch ohne Hotelbau).*

Obige „Kunstanstalt" war bekannt für ihre Qualitätsdrucke von z.B. Kunst-Postkarten. Links: ein deutscher Postkartenautomat, anno 1910. 1869 wurde die sogenannte „Correspondenzkarte" kreiert und verbreitete sich in Europa bzw. weltweit. Millionen von Postkarten aller Art, allen voran die Glückwunschkarten, bald auch schon die Ansichtskarten - Fotografie und Lichtdruck waren bereits erfunden- wurden nun gedruckt und verschickt. Es gab nahezu kein Thema, das nicht aufgegriffen und als Postkarte erhältlich war. Die Ansichtskarte als eine der vielen Formen von Postkarten war, und ist zum Teil noch die beliebteste, am häufigsten benutzte (Reise, Ausflug, Urlaub, Kur etc.). Es gab auch eigene Spezialgeschäfte für Postkarten aller Art und zumindest eine „Panoramaansicht" vom ganzen Ort gab es fast überall. Diese Karten sind „Zeugen der Zeitgeschichte".

Linz und Urfahr in alten Ansichten
Band 5

Die Orts- und Situationsbeschreibungen sind unvollständig und nicht für wissenschaftliche Zwecke geschrieben. Es besteht nicht die Absicht, eine geschichtliche Abhandlung strengstens recherchiert wiederzugeben, sondern lediglich das Bildmaterial kulturhistorisch zu unterstützen, Jahreszahlen und Daten sind aus verschiedenen Quellen entnommen und es besteht keine absolute Sicherheit ihrer Richtigkeit.

Mag. Helmut Beschek

Linz bis zum Jahre 1938

1. Linz in "Uralter Zeit"

Der früheste urkundliche Nachweis stammt aus dem römischen Staatshandbuch "Notitia dignitatum", in dem um 410 nach Christi Geburt der Name Lentia auftaucht. Die Namensforschung ergab eine Ableitung aus dem Wortstamm "lentos" mit der Bedeutung "biegsam, gekrümmt". Lentia ist als "Ort an der Krümmung" (der Donau) erkannt worden, der schon 600 vor Christi Geburt bestand. Das Mündungsgebiet der Traun in die Donau bzw. das Donaubecken war schon sehr früh besiedelt. Viele Funde bestätigen dies: z.B. ein Flachbeil aus Serpentin und Tongefäße aus der ausgehenden Jungsteinzeit. Auch viele Gräber aus der Bronzezeit (mit ihren Grabbeigaben) wurden gefunden. Allein im Gebiet des ehemaligen St. Peter und Zizlau (heutiges VOEST-Alpine-Gelände) lebten vor über 3600 Jahren (um 1800-1500 vor Chr.) Menschen, die mit reichen Grabbeigaben bestattet wurden, also sicher wohlhabend waren.

Es wird hier ein wichtiger Handels- und Umschlagplatz gewesen sein. Goldbeigaben, blaue Glasperlen und bemerkenswerte Waffen fand man. An der heutigen Adresse Hahnengasse 3 (Altstadt) stand einst ein gallo-römischer Tempel, dessen Überreste man bei Grabungsarbeiten 1956/60 fand. 1954 fand man beim Umbau des Landestheaters ein aus der Zeit von Kaiser Tiberius (14 bis 37 nach Chr.) stammendes Erdkastell und große Doppelgräber. Die Martinskirche am Römerberg ist die älteste erhaltene mittelalterliche Kirche in Österreich. Bei Grabungen rund um die Martinskirche fand man gelbrote Feinkeramik aus der La-Tène-Zeit, die eine jahrtausendwährende Besiedlung anzeigen. Linz war um 906 schon Marktort und wurde nach 1200 zur mittelalterlichen Stadt ausgebaut. Um 1260 wurde unter Herzog Leopold VI. der Hauptplatz als einer der größten und schönsten mittelalterlichen Stadtplätze Europas geschaffen. Um 1400 bildeten die "Linzer Märkte" (Jahrmarkt, Ostermarkt, Bruderkirchweihmarkt) einen mitteleuropäischen Treffpunkt der Kaufleute.

1672 ließ der Linzer Bürger Christian Sint den bedeutendsten Industriebau der Barockzeit errichten: die Wollzeugfabrik (leider wurde sie durch Versicherungs- bzw. Bankgebäude verdrängt und abgerissen!) - sie leitete das Industriezeitalter ein. 1800/1801 wurde Linz von den Franzosen ("Franzosenkriege") besetzt und 1805 logierte Kaiser Napoleon in Linz. 1809 wurden in Urfahr 31 Häuser niedergebrannt und bei Ebelsberg kam es zur schweren Schlacht mit den Franzosen. 1832 rollte die erste Pferdebahn Europas auf der Strecke Linz-Budweis. Und im Jahre 1837 legte das erste bayrische Dampfschiff in Linz an, worauf 1839 der Personenverkehr auf der Donau zwischen Regensburg, Linz und Wien begann. So setzte die Zeit des Biedermeiers neue Akzente. Am 8. Juni 1850 erhielt Linz eine "Gemeindeordnung", die festgelegte Verhältnisse schuf. 1868 wurde in der "Poschacher-Bierhalle" in Urfahr der "Linzer-Arbeiter-Bildungsverein" gegründet. 1896 gründeten die Katholisch-Konservativen die "Katholische Volkspartei". 1877 wurde der "Sozialdemokratische Arbeiterverein" verboten und zwei Jahre später die Nachfolgeorganisation "Allgemeiner Arbeiterverein für Linz und Umgebung" aufgebaut. Das Gasthaus "Zum Goldenen Hirschen" (in der Hirschgasse) war 1891 Geburtsort einer sozialdemokratischen Landesorganisation. Am 15. September 1863 wurde der Grundstein für das "Allgemeine Krankenhaus" in Linz gelegt. Im Gegensatz zu den drei bestehenden Krankenhäusern "Barmherzige Brüder", "Barmherzige Schwestern" und "Elisabethinen" - in denen strenge Aufnahmekriterien nach Religionszugehörigkeit, Geschlecht, Vermögen und auch nach Krankheit herrschten - drückte schon der Name "Allgemeines Krankenhaus" die Idee aus, alle Kranken ohne konfessionelle oder soziale Unterschiede aufzunehmen. Bereits um die Jahrhundertwende waren 70 % der Patienten Nicht-Linzer.

2. Die Stadtentwicklung

Diese wurde auch stark durch den 1872 erfolgten Neubau der Donaubrücke (nach Urfahr) geprägt (die alte Holzbrücke wurde am 5. Mai 1868 von einem Schiff erheblich gerammt und beschädigt). 1897 wurde der Bau einer zweiten Donaubrücke begonnen und 1900 wurde die "Neue Brücke" ("Eisenbahnbrücke") eröffnet. Somit war der Anschluß an das übrige Eisenbahnnetz nach dem Bau der Mühlkreisbahn (1888) erreicht. Der Bau der Eisenbahn als neues Verkehrsmittel prägte die Gesamtentwicklung der Stadt sehr entscheidend. Die steigende Industrialisierung und das damit verbundene rasche Wachstum waren erheblich auf das neue Transportmittel zurückzuführen. So wurde zwischen 1856 und 1858 von der "K.u.K. Priv. Kaiserin Elisabeth-Bahn", kurz "Westbahn" genannt, eine Bahnlinie von Wien nach Linz gebaut, die 1860 den Anschluß an das bayrische Eisenbahnnetz in Salzburg erlangte. 1855 rollte die Dampf-Eisenbahn von Linz nach Gmunden. In der Stadt selbst wurde die Pferde-Tramway 1880 als billiges Bevölerungstransportmittel - als Straßenbahn - eingerichtet. 1897 führte ein Konsortium der Tramway und Elektrizitätsgesellschaft (T.E.G.) die Übernahme der Straßenbahn und ihre Elektrifizierung durch. Das gleiche Konsortium nahm 1898 den Bau der steilsten Adhäsionsbahn Europas, der Pöstlingbergbahn, vor. 1919 wurden Urfahr und Pöstlingberg in das Linzer Gemeindegebiet eingemeindet.

Urfahr in "uralter Zeit"

1.
Funde aus dem Neolithikum und der Bronzezeit in der Ortschaft Harbach - Gründberg bestätigen eine frühe Besiedlung. Die Wallanlage am Gründberg wird in die Spät-La-Tène-Zeit datiert. Im Auftrag des letzten Bürgermeisters von Urfahr - Dr. Heinrich Hinsenkamp - brachte Anton Ziegler 1920, also ein Jahr nach der Eingemeindung, die "Geschichte der Stadt Urfahr" heraus. Das Fehlen brauchbarer Literatur über Urfahr führte zur Suche in verstreuten Herrschaftsarchiven. Es mußte die Zeit vorher in mühsamen Nachforschungen rekonstruiert werden. Bis heute hat sich an dieser Situation nichts

geändert und Zieglers Buch bleibt "das Nachschlagewerk" über die Geschichte Urfahrs bis 1920. Und schon sind wir im Mittelalter. Steg (=stoigoi) und Treffling (=trebiti) sollen slawischen Ursprungs sein. Im benachbarten Puchenau ist für das Jahr 827 eine slawische Besiedlung nachgewiesen. Die Besiedlung durch die Germanen liegt im Dunkeln, ebenso ihre gesellschaftlichen Strukturen. Für das 11. und 12. Jahrhundert vermutet man das Bistum Passau als Herrscher über dieses Gebiet. Das Geschlecht der Haunsperger, das die Herrschaft Wildberg besaß, ist ebenso vertreten wie die gleichfalls passauische Herrschaft Steyregg. Das Kloster St. Florian hob von den Gütern zu Mayrstorf und Harbach um das Jahr 1100 Zehente ein. Die ältesten Höfe dürften der "Mayr zu Harbach" (ursprünglich Freisitz), der "Mayr zu Mayrstorf" ("Stammgut von Urfahr - Riesenedergut"), der "Heilmayr zu Heilham" und der "Blindeneder" (später Teistlergut) gewesen sein. Wie vieles andere liegt auch der Anfang der namensgebenden Siedlung Urfahr (Überfuhr) im Unklaren. Urfahr war Schnittpunkt der Fernhandelswege von und nach Norden. Viele Händler und andere Reisende, die Linz zustrebten und bei Anbruch der Dunkelheit das Donauufer erreichten, waren wohl gezwungen, den nächsten Morgen abzuwarten, ehe sie den Fluß übersetzen konnten. Diesem Umstand sowie der Überfuhr verdankt Urfahr wohl sein Entstehen. Aus dem "Linzer Mautbuch von 1380" ging hervor, daß es den Urfahrern verboten war, fremdes Getreide über Nacht im Haus aufzubewahren, Handel mit Wein, Salz, Getreide oder Holz zu treiben, Menschen zu beherbergen oder Vieh und Wagen einzustellen, feste Häuser oder Keller zu bauen und von den Linzern Salz zu kaufen.

Die Urfahrer wurden aber, gestützt von ihren adeligen Herrschaften, davon nicht wirklich getroffen. Schwerere Auswirkungen hatte jedoch der Bau der ersten Donaubrücke im Jahre 1497 und der damit verbundene Verlust der Überfuhrrechte. Größere Streitigkeiten gab es mit den Linzern auch noch wegen der Fischereirechte auf der Donau. Es eskalierte so weit, daß der Vogt von Urfahr sogar einige Linzer Bürger und Fischer einsperren ließ. Im 16. Jahrhundert wehrten sich die Linzer vehement dagegen, daß die Urfahrer den Mühlviertler Marktfahrern (die Lebensmittel auf den Linzer Wochenmarkt bringen sollten) ihre gesamte Ware abkauften, um sie selber weiter zu verkaufen. Die Auseinandersetzungen zogen sich bis ins 18. Jahrhundert. Manche wohlhabende Bürger kauften sich ganze Bauerngüter in Urfahr und hoben Abgaben ein. So besaß die Familie der Kammerer schon im 14. Jahrhundert das "Gut zu Mayrstorf" und das "Hagengut". Ganz besonders fürchterlich für Urfahr waren aber die Überfälle der Franzosen in den Jahren 1800, 1805 und 1809. Besetzung, Generalplünderung und Zerstörung von 80 Häusern (über 1 Million Gulden Schaden!) waren schwere Schläge für die junge Marktgemeinde. Urfahr war - im Gegensatz zu Linz - immer unbefestigt und jedem Angreifer schutzlos ausgeliefert. Die 1835 errichteten "Maximilianischen Befestigungstürme" ("Pulvertürme"), von denen heute noch einige stehen und zum Teil bewohnt sind, und das "Fort" am Pöstlingberg, in dessen Mauern sich heute noch die Bergstation der Pöstlingbergbahn und die Grottenbahn befinden, kamen viel zu spät.

2. Die Stadtentwicklung

Um 1808 wurde Urfahr zum "Markt" erhoben. Vorher war die Zersplitterung in mehrere Herrschaftsgebiete (Steyregg, Wildberg, die Wallseer, Freyling, Schallenberger/Luftenberg, Ebelsberg, Haunsperger usw.) immer ein großes Hindernis. Erst die Neugliederung (Verwaltungsreform) in "Kommissariats- oder Ortsgemeinden" mit gleichzeitigen Ortsrichtern und Gemeindevorstehern brachte die Weiterentwicklung. Das erste feststellbare Schulhaus befand sich an der Ottensheimer Straße (Maximilianstraße). Urfahr hatte drei wichtige Handelsstraßen. Die Freistädterstraße (führte früher durch die Kirchengasse nach Heilham) - eine wichtige Straße in das Mühlviertel und nach Böhmen ("äußere Pflasterstraße"). Die Leonfeldnerstraße (uralte "Saumstraß"-"Landstraße nach Böhmen") ebenso eine wichtige Straße in das Mühlviertel und nach Böhmen. Die Ottensheimerstraße (Maximilianstraße) als Zweig des gleichfalls uralten Königsweges (via regia) wurde schon 1713 bis 1715 als Fahrstraße ausgebaut und 1845 wurde die "neue Ottensheimerstraße" - heute Rudolfstraße- verbreitert und verbaut. Auf dieser Straße kamen zahlreiche Fuhrwerke, darunter über 50 "Wochenboten" aus dem Mühlviertel und aus Böhmen. Die Donau wurde stark von Schiffen und Flößen befahren. Rosenauer und Luftenegger waren die letzten Vertreter der ältesten Urfahrer Gilde, der Schiffsmeister.

Neue Impulse gab dann die Zweite Donaubrücke ("Eisenbahnbrücke"). 1897 bis 1899 gebaut, wurde sie 1900 fertiggestellt und eröffnet. Damit war der Anschluß an das Staatsbahnnetz gegeben. Die "Pferdestraßenbahn" wurde in Urfahr nur bis zum Kaiserplatz (heute Hinsenkampplatz) gebaut. Erst 1895 wurde sie bis zum Mühlkreisbahnhof verlängert. Am 1. Juli 1880 verkehrte der erste, am 5. Juli 1897 der letzte Pferdestraßenbahnwagen. 1897 wurde die Tramway auf elektrischen Betrieb umgestellt und am Ende der Kaarstraße eine neue Remise erbaut. 1896 bis 1898 wurde die Kanalisierung durchgeführt. Der Bau der zentralen Wasserversorgung erfolgte von 1901 bis 1902. Das Gas bezog Urfahr von der Linzer Gasanstalt. Das städtische Armenversorgungshaus wurde nach bescheidenen Anfängen 1890 am Anfang der Leonfeldnerstraße (Freistädterstraße-Kreuzungsbereich im Vorort "Pflaster") errichtet und 1904 erweitert. Ein Krankenhaus wurde öfters geplant, aber nie gebaut. Das Postamt 1 wurde in Urfahr 1863 gebaut, die Telegraphenstelle 1883 und die Telefonstelle 1898. In den Jahren 1897 und 1898 wurde die Pöstlingbergbahn als eine der steilsten Adhäsionsbahnen der Welt gebaut. Die ersten freien Gemeindewahlen gab es 1848 in Urfahr und der liberal gesinnte Handschuhmachermeister Karl Wischer wurde erster Gemeindevorstand und Marktrichter. In der darauffolgenden absolutistischen Zeit wurden die unter Eindruck der Revolution gewährten Freiheiten (bürgerliche Rechte) nach und nach wieder außer Kraft gesetzt. Der Hauptsprecher für die bürgerlichen Rechte war der Gastwirt Bauernfeind. Er errichtete die "Bierhalle Bauernfeind" (später "Poschacher Bierhalle"), die den Namen "Verbrüderungshalle" bekam. 140 Urfahrer und Linzer Freiheitskämpfer schifften sich am 16. Oktober 1848 nach Wien ein und nahmen an den heftigen Straßenkämpfen teil. Ihr Hauptmann Mathias Nißl und einige andere starben den "Heldentot".Der Erste Weltkrieg (1914-1918) hinterließ auch in Urfahr seine negativen Spuren. Alle Schulen wurden mit Militär belegt. Die "Weberschule" (Webergasse) und das Petrinum wurden zu Militärspitälern umgestaltet, in der "Poschacher Bierhalle" wurde eine Sanitätsdivision einquartiert.Urfahr hatte viele Kriegstote zu beklagen und im Soldatenfriedhof des Petrinum-Militärspitals liegen 532 tote Soldaten aus verschiedenen Ländern. 1918 war die Gemeinde Pöstlingberg an einer Vereinigung mit Urfahr interessiert. So bekamen auch die Vereinigungspläne mit Linz wieder neuen Schwung. Im Juni 1919 war es soweit, Urfahr (und Pöstlingberg) wurde ein Teil von Linz. Die Eingemeindungsfeier fand im "Hotel Pöstlingberg" statt.

Zusammenbruch der Monarchie und Erste Republik

Der Erste Weltkrieg hatte furchtbare Schäden hinterlassen und verlangte auch von der Linzer Zivilbevölkerung große Opfer. Die Versorgungsprobleme in der Stadt waren sehr groß. Lebensmittelknappheit (Bezugskarten), Inflation, Rohstoff - und Energiemangel machten das Leben der Linzer schwer.
Aufgrund der städtischen Initiativen und Maßnahmen (Lebensmittel, Gemüseeigenanbau auf 70.000 m2 u.a.) zählte jedoch Linz zu den am besten versorgten Städten in der Monarchie. 1918 konstituierten sich die neuen Arbeiterräte, die aus dem Soldatenrat hervorgingen. Die Sozialdemokraten, die den Arbeiterrat dominierten, bekannten sich zur parlamentarischen Demokratie und zur Verteidigung der republikanischen Staatsform. Richard Strasser und ab 1920 auch sein Stellvertreter Richard Bernaschek waren die führenden Kräfte in diesem Gremium. Am 16.November 1918 trat der provisorische Linzer Gemeinderat zusammen. 31 Deutsch-Freiheitliche (Deutschnationale), 19 Sozialdemokraten und 7 Christlichsoziale waren im Gemeinderat vertreten. Bei den Gemeinderatswahlen vom 16. Mai 1919 erreichten die Sozialdemokraten mit 55,3 % der Stimmen und 33 Mandaten die absolute Mehrheit.

Josef Dametz wurde der erste sozialdemokratische Bürgermeister von Linz. Zum ersten Mal hatten die Linzer Frauen auch das Wahlrecht und ebenso revolutionär war das allgemeine, gleiche, direkte und geheime Verhältniswahlrecht. Auf Bundesebene gab es 1920 den Bruch der Koalition und nun verschärfte sich auch das politische Klima in Linz. 1923 wurde in Ebelsberg die Ortsgruppe der faschistischen NSDAP gegründet. Am 1.Jänner 1925 wurden Schilling und Groschen als Zahlungsmittel eingeführt. Die National-und Gemeinderatswahlen vom April 1927 wurden zum Spiegelbild der zunehmenden Gegensätze zwischen „Bürgerblock" und dem sozialdemokratischen Lager. Bürgerliche und Christdemokraten erreichten bei den Gemeinderatswahlen in Linz 47 % der Stimmen gegenüber 53 % der Sozialdemokraten.

Im Kolosseum Kino wurde am 23. Jänner 1930 erstmals das „Wunder" des Tonfilms vorgeführt (damals noch in der Mozartstraße). Es gab den Film „Atlantic", und im April 1930 wurde das Parkbad eröffnet. „Die Notzeit der dreißiger Jahre wird im Juli 1934 deutlich, als die „Bettlerablöse" in Linz eingeführt wird, an der sich Kaufleute und Gewerbetreibende beteiligen. Sie zahlen an das Städtische Fürsorgeamt eine „Bettlerablöse" und hingen dafür Tafeln mit der Aufschrift „Betteln verboten" auf " (aus „Linz-Portrait einer Stadt" von Wolfgang Sperner).
Auch 1931 hielten die Sozialdemokraten die absolute Mehrheit. Diktator Adolf Hitler schickte im Juli 1931 den deutschen Theo Habicht als „Landesinspekteur für Österreich" nach Linz. Er organisierte die enttäuschten Heimwehrmitglieder und die „Großdeutschen". 1933 schlossen die großdeutsche Volkspartei und die faschistische NSDAP ein Kampfbündnis. Die Situation im Linzer Gemeinderat verschärfte sich und die Nazis starteten antisemitische Angriffe.

Ende der Demokratie - Austrofaschismus

Der Parlamentarismus wurde jedoch am stärksten von der seit Mai 1932 amtierenden Regierung unter Bundeskanzler Engelbert Dollfuß bedroht. Für den Marsch zur Diktatur dienten sowohl die faschistischen Heimwehren als auch die von ihm 1933 gegründete „Vaterländische Front". Der größte Großgrundbesitzer Österreichs Graf Rüdiger von Starhemberg hatte die Heimwehren finanziert und mitbegründet. Den Anfang machten die „Starhembergjäger". Als Anhänger Adolf Hitlers war er schon am 9. November 1923 in München beim Putsch vor der Feldherrenhalle dabei. Das Programm der Heimwehren: „.... sich ein Programm gaben, das den demokratischen Staat ablehnte, die Grundsätze des italienischen Faschismus übernahm .... Starhemberg war in dieser Bewegung der Sprecher des deutschnationalen Flügels" (OÖN, 8. Mai 1999, von Hans Unger). Ziel war die Diktatur eines christlichen Ständestaates ohne politische Parteien. 1933 wurde anläßlich des Sieges der faschistischen Nationalsozialisten bei der deutschen Reichtagswahl im Linzer Volksgarten eine große Siegesfeier der NSDAP abgehalten. 1934 gab es noch den zweitägigen Aufstand des sozialdemokratischen Schutzbundes, der aber von der faschistischen Heimwehr zusammen mit Militär und Polizei blutig unterdrückt wurde. Die sozialdemokratische Partei wurde verboten. Besonders umkämpft war damals die sozialdemokratische Parteizentrale „Hotel Schiff" (heute „Central Kino") an der Landstraße 36 (siehe Abbildung auf Seite 61). Allein in Linz gab es 36 Todesopfer, der Arbeiter Samariter und Schutzbündler Anton Bulgari wurde hingerichtet (der „Bulgari-Platz" erinnert an ihn). Im Mai 1937 wurden in Ebelsberg eine größere Anzahl junger Menschen wegen Gründung einer illegalen SA („Sturmabteilung" der NSDAP) verhaftet.

Linz von 1938 bis 1965

Nationalsozialistische Diktatur und Krieg

Große politische Unruhe kündigte im März 1938 der Einmarsch der Truppen des deutschen Reiches in Österreich an: am Linzer Rathaus wurde die Hakenkreuzfahne gehißt und beim Brückenkopf Urfahr kam es zu einer Schießerei. Am 12. März 1938 rollten dann die deutschen Besatzungstruppen mit den Panzern Generalleutnants Heinrich Guderian in Linz ein. Schon am Abend hielt Adolf Hitler eine Ansprache vom Linzer Rathausbalkon. Die Reichsmark wurde am 15. Mai 1938 das gesetzliche Zahlungsmittel. Offenes Symbol der Judenverfolgungen war am 10. November 1938 die Brandlegung am jüdischen Tempel in der Bethlehemstraße. Nach der totalen Machtübernahme des Faschismus in Österreich ließen die Nazis in Linz die Ortschaften St.Peter und Zizlau niederreißen, die Bevölkerung absiedeln und errichteten die Reichswerke „Hermann Göring" Linz (die spätere VOEST) mit Baubeginn 13. Mai 1938. Die Werke waren der Rüstungsproduktion unterstellt und produzierten z.B. Panzer. Mit dem Zusammenbruch des „Großdeutschen Reiches", nach 11 Jahren furchtbarster Diktatur (Austrofaschismus und Nationalsozialismus) und einem der schrecklichsten Kriege standen die Linzerinnen und Linzer vor dem Nichts. Der erste Luftangriff der amerikanischen Bomber auf Linz erfolgte am 25. Juli 1944.

Besetzte Stadt und Wiederaufbau: Amerikaner und Russen in Linz

Nach 22 Luftangriffen machten Russen und Amerikaner Linz zur geteilten Stadt. Am 5. Mai 1945 besetzten die Einheiten der 3.US-Armee Linz. „Der Empfang der Amerikaner in Linz ließ die US-Soldaten erkennen, daß sie hier eine Facette des Krieges sahen, wie sie sie zuletzt in Belgien und Luxemburg erfahren hatten. Sie wurden nicht als Eroberer angesehen, sondern als Befreier....Innerhalb kurzer Zeit wurden die Befreier zu Besatzern. „Die 11. Panzerdivision der Amerikaner war auch an der Befreiung der Konzentrationslager Mauthausen und Gusen beteiligt. Hatten die amerikanischen Soldaten gehofft, daß sich in Österreich das NS-Regime etwas gemütlicher als in Deutschland erweisen würde, belehrten sie die schrecklichen Zustände in Mauthausen, Gusen und anderen Nebenlagern wie Ebensee und Gunskirchen eines Besseren. Die unfreundliche und mißtrauische Haltung, die die amerikanischen Kampftruppen gegenüber den Österreichern an den Tag legten, muß auf die Erfahrungen in den Konzentrationslagern zurückgeführt werden, welche es ihnen schwermachte, einen Unterschied zwischen Österreichern und Deutschen festzustellen " (Kurt Tweraser in „ Prinzip Hoffnung -Linz zwischen Befreiung und Freiheit"). Die faschistischen Mordgesellen der SS-Totenkopfstandarte „Ostmark" hatten in der Vernichtungs- und Mordfabrik KZ-Mauthausen ungeheuer viele Menschen getötet.Allein 8500 Frauen waren in den Jahren

1942 bis 1945 in den Klauen der SS-Schergen Mauthausens. Vorher war es offiziell ein Konzentrationslager für männliche Häftlinge.

Am 31.Juli 1945 wurde Urfahr an die Rote Armee übergeben.
Linz hatte im Juli 1945 etwa 60.000 Flüchtlinge in Lagern einquartiert und quoll vor Menschen über".Die Nibelungenbrücke war die „Grenze" bzw. der Sektorenkontrollpunkt. Täglich pendelten an die 12.000 Menschen zwischen Linz und Urfahr. Der Identitätsausweis wurde sehr streng kontrolliert. Unermeßliches Leid hatte der Krieg über die Menschen gebracht. 1122 Linzer (ohne Fremdarbeiter in den Barackenlagern) starben bei insgesamt 22 Fliegerangriffen, Tausende wurden verwundet und zwei Drittel leicht bis schwer beschädigt oder gänzlich zerstört. Not und Elend herrschten in der Stadt. Es gab wenig Lebensmittel, zu wenig Kleidung, kein Wasser und Gas, keinen Strom, keine Verkehrsmittel, es fehlten die einfachsten Lebensgrundlagen.
Am 8. Juni 1953 wurde auch von den Russen die Brückenkontrolle aufgegeben (die Amerikaner taten dies schon 4 Jahre zuvor). Bis 1948 blühte der Schwarzmarkt, und die Schleichhändler zogen aus der Not ihrer Mitmenschen Vorteile. Im Jahre 1949 konnte die Rationierung von Nahrungsmitteln in Linz weitgehend gelockert werden. Sie beschränkte sich fast nur noch auf Fett und Fleisch, und im August 1950 wurde auch auf die Ausgabe von Fleischmarken verzichtet. Außer auf dem Gebiet der Ernährung und der Versorgung mit Gebrauchsgütern hat die Bevölkerung besonders bei der Beschaffung von Wohnraum gespürt, welche Schwierigkeiten die Stadt zu bewältigen hatte.

Bis zum 26. Oktober 1956 hatte der letzte Besatzungssoldat Österreich verlassen. Für die weitere Entwicklung der Stadt Linz, politisch geführt von dem allseits geachteten sozialistischen Bürgermeister Dr.Ernst Koref, waren wohl der Fortschritt der VOEST - Alpine (ehemalige „Reichswerke Hermann Göring") mit der entscheidenden Erforschung beziehungsweise Erfindung des LD-Blasstahlverfahrens und die Chemie Linz AG (ehemalige Stickstoffwerke - in unmittelbarer Nachbarschaft der Voest Alpine) entscheidend.

Eisverkäufer und Ballonverkäuferin auf dem Hauptplatz.
Im Hintergrund das Geschäft von Heinrich Beyerl (Galanterie-Spielwaren) an der Badgasse / Hauptplatz. Etwa um 1937.

Mühlviertler auf dem verregneten Hauptplatz (Richtung Urfahr blickend). Etwa um 1936.
Bildhinweis für Seite 11 von links: Bezugscheinausgabe 1947 (Lebensmittel, Kleider etc.), Kasperltheater/Urfahr-Markt, Kinder an der Franckstraße.

Linzer Hauptplatz: Ein „Gummimännchen" vor dem Kaufhaus „Franz Hofmann und Kraus & Schober".
Eine Art „Michelin-Männchen" (Reklame oder Propaganda ?). Etwa um 1937.

Linzer Hauptplatz: Das Kaufhaus „Kraus & Schober" (heute Sitz einer Bank – vormals „Quelle") in NAZI-Propaganda-Ausschmückung. Um 1938.

Ein „Wassersprengwagen" in der Linzer Innenstadt. Etwa um 1935.

Nationalsozialistische (NSDAP) Propaganda-Veranstaltung auf dem Linzer Hauptplatz vor dem Rathaus. Um 1938.

Der Hauptplatz mit der Luftballonverkäuferin. Etwa um 1937.

Die zweite Haltestelle der Straßenbahn auf dem Hauptplatz (nahe dem Schmidtor). Etwa um 1937.

Kutschfahrt über den Hauptplatz (vor der Kaffeerösterei von Max Christ-daneben die Rathausgasse und das alte Rathaus). Etwa um 1937.

Funke & Loos Linz a/D
Schirm-Fabrik
EN GROS u. DETAILVERKAUF: FRANZ JOSEF-PLATZ N° 31.
GRÖSSTES u. MODERNSTES
ETABLISSEMENT der BRANCHE in ÖSTERREICH-UNGARN.
SPEZIAL-ARTIKEL: ROMULUS, REMUS, TRIUMPH, STOCKSCHIRME etc.

FILIALEN:
LINZ, Franz Josef-Platz 17. LINZ, Schillerstrasse 2.
AUSSIG, Teplitzerstrasse 3. REICHENBERG, Schückerstr. 1a.
REICHENBERG, Schützengasse 31. TEPLITZ, Bahnhofstr. 9.
TROPPAU, Fleischergasse 2 / ECKE OBERRING 53.
IN ALLEN FILIALEN: EIGENE REPARATUR-WERKSTÄTTEN.

Apotheke „zur goldenen Krone"
Dr. Vielguths Nachfolger
Alois Zuleger
Linz, Franz Josef-Platz Nr. 2.

Rechnung von **Max Christ, Linz**

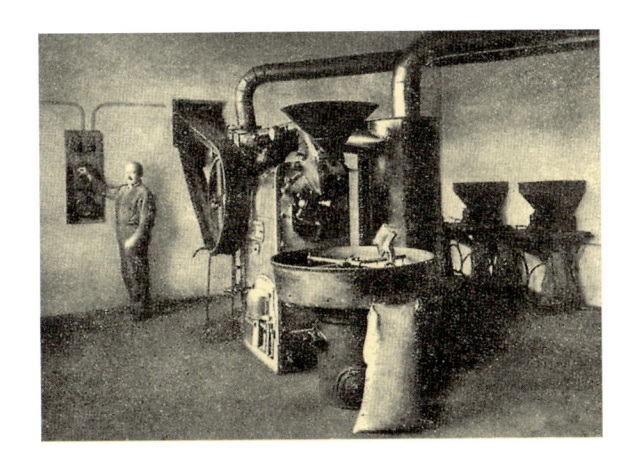

APOTHEKE zum WEISSEN ADLER
A. HOFSTÄTTER's ERBEN
LINZ a/d. Donau
Franz Josefs Platz 16.
Linz, 19. 4
Rechnung
für Herrn Franz Sölbradl

Bild unten: Der Hauptplatz mit dem alten Rathaus (rechts) und der Kaffeerösterei MAX CHRIST links (auch im Bild oben links). Etwa um 1932.

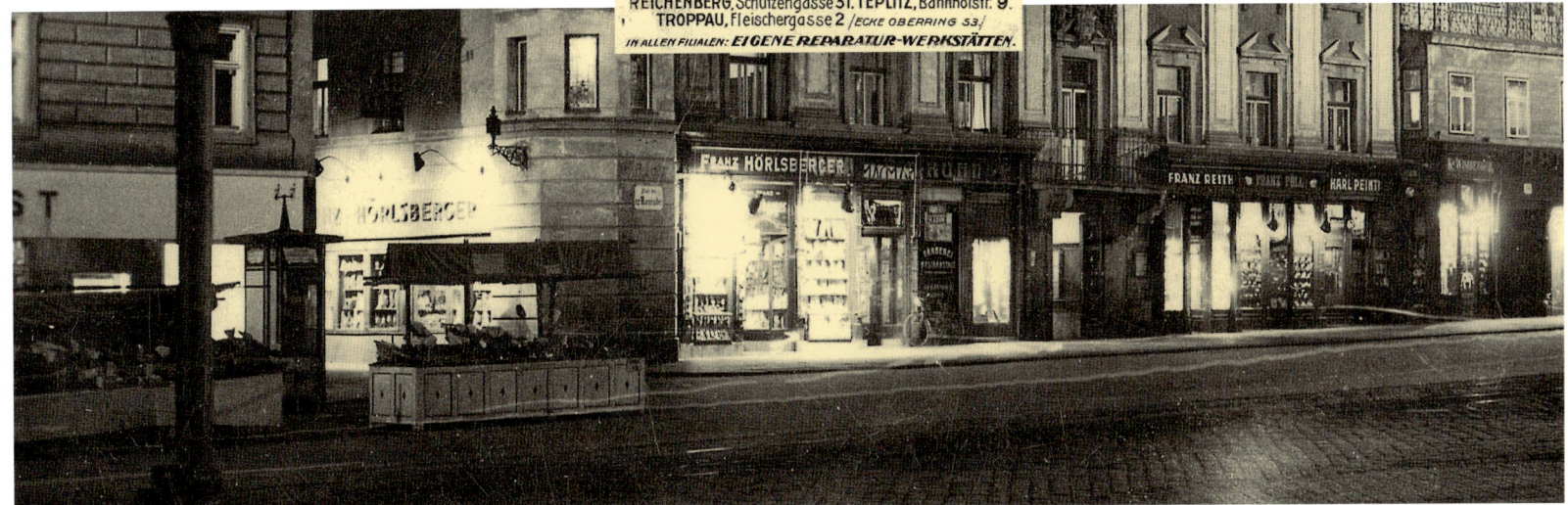

Marsch der eleganten Frauen am Stadtrand (möglicherweise in Lustenau, die Straße war noch nicht asphaltiert). Etwa um 1932.

Das Cafe Seitz (vormals „Cafe Frankfurt") – abends gab es oft Konzerte; die kleine Innenansicht zeigt die Billardtische. Etwa um 1939. Marktfahrer und Marktbesucher waren Stammgäste. Billard,- Karten- und Schachspieler besuchten ebenso wie Zeitungsleser das Cafe.

Marktfahrerinnen (Gemüse, Obst, Eier, Schwammerl usw.) auf dem Linzer Hauptplatz. Etwa um 1935.

Hauptplatz – Marktstände anno 1935.

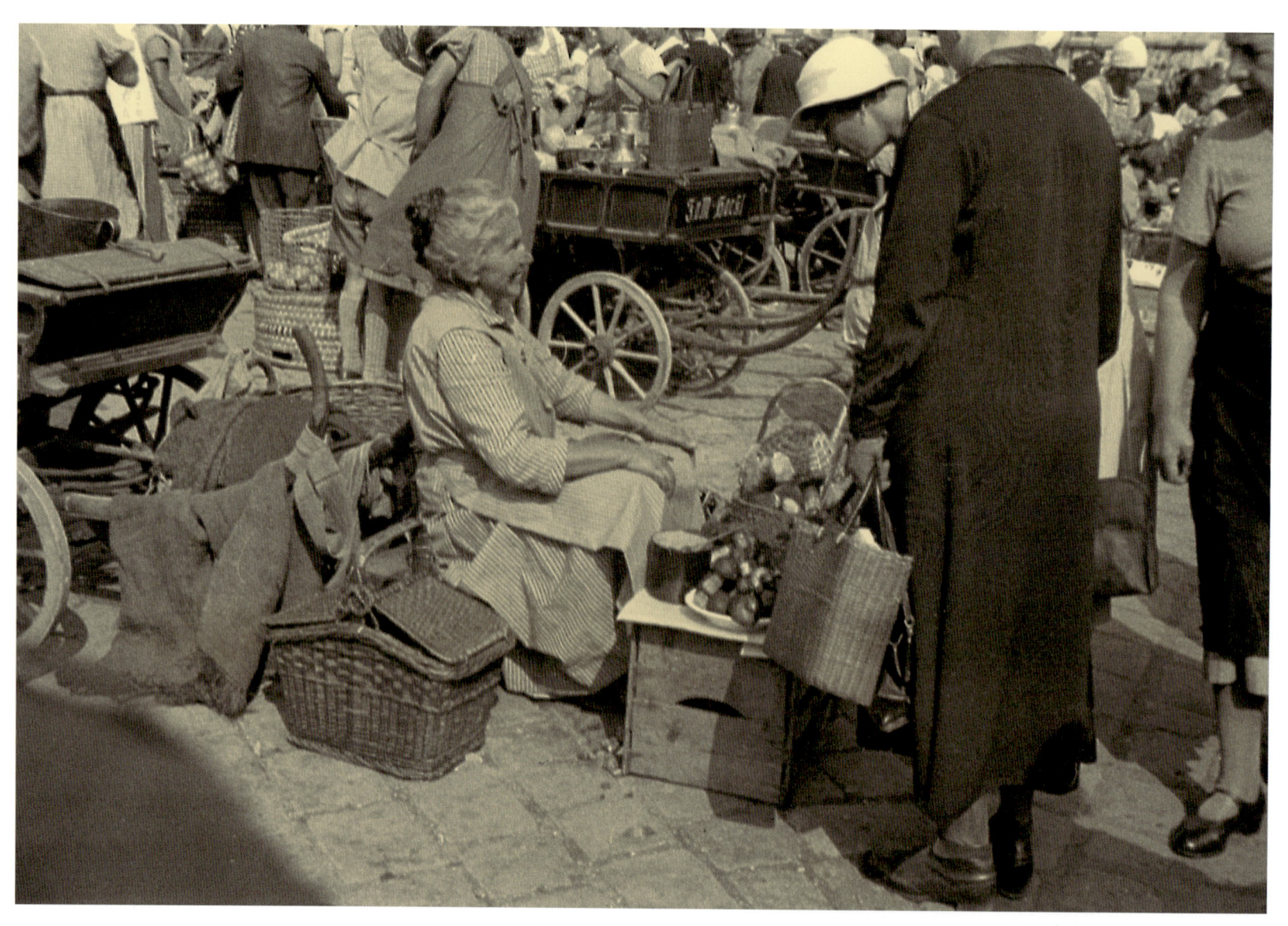

„Marktweiberl" auf dem Linzer Hauptplatz. Um 1935.

Obstständer auf dem Hauptplatz (Ecke vor der Adlergasse- rechts das Ehrentletzberger-Haus). Um 1935.

Obst-Gemüse-Stand auf dem Hauptplatz (vor der Domgasse und „Funke&Loos"-Schirmgeschäft). Um 1936.

Asphaltierungsarbeiten auf dem Hauptplatz (vor dem MAX CHRIST-"Kaffeerösterei/Spezereiwaren"-Haus). Etwa um 1936.

Politische Kundgebung im Rathausbereich auf dem Hauptplatz. Etwa um 1937.

Polizist oder Militarist reitet in die Hofgasse ein. Baustelle: Der faschistische „Nibelungen-Bau" und die „Nibelungen-Brücke" entstehen. Um 1939.

Fuhrwerke und Fiaker hatten 1935 noch einen Standplatz auf dem Hauptplatz.

1934 war nach der Machtergreifung durch das austro-klerikal-faschistische Dollfuß-Regime das Linzer Rathaus mit dessen Symbolik „geschmückt".

Politische Kundgebung vor dem Linzer Rathaus bzw. „Cafe Seitz" (vormals Cafe Frankfurt – kleines Bild). Etwa um 1935.

Ein (vermutlich) Polizist reitet in Richtung Rathausgasse. Hauptplatz um etwa 1935.

Polizeiparade auf dem Linzer Hauptplatz (vor dem Schmidtor – Richtung Klosterstraße marschierend). Etwa um 1935.

*Modischer „Aufmarsch" Ecke Schmidtor / Hauptplatz: Reklamefrauen für „Pasch-Strümpfe"
(Geschäft an der Landstraße) und ein Passant mit „Wadlschonern". Um etwa 1932.*

„Badetag" im Innenstadthof (es war nicht immer nur „Kinderspaß"- viele Menschen hatten kein Bad, WC oder fließendes Wasser in der bescheidenen Wohnung). Etwa um 1932.

Ein Viehtrieb vor dem „Unteren Rendlhof", an der Ludlgasse 5 (früher „Ringstraße"). Etwa um 1928.

Familie Depil (Maria, Alfred, ...).

Ihr Haus am Hauptplatz Nr. 9 (an der Badgasse) – ein Patrizierhaus aus dem 16. Jahrhundert. Die NAZI-Faschisten rissen es ab, um die „Nibelungen"-Bauten zu errichten.

Zwei der Zimmer im Biedermeier-Stil. Um 1890 und 1901.

Die Domgasse: links das Kaufhaus „Kraus & Schober" und der „Zugang" zum Hauptplatz. Etwa um 1932.

Die Schmidtorstraße um 1910.

Große Umbauarbeiten an der Schmidtorstraße 5 (hier war später die Kleiderfirma Derflinger). Etwa um 1932.

Eine „Standl-Frau" mit ihrem Gemüse und Obst an der Promenade.
Das Haus im Hintergrund stand vor dem „Cafe Traxlmayr" – siehe auch kleines Bild oben links. Etwa um 1928.

Die Feuerwehr in der Klammstraße (startend von der Promenade – Feuerwache vorm „Theater Casino"). Etwa um 1928.

Auf der Promenade (Höhe OÖN-Zeitungshaus). Im Hintergrund die Klammstraße. Etwa um 1936.

Auf der Promenade (Richtung Landstraße blickend). Etwa um 1936.

Blick vom Landhausturm auf die Promenade (Theater) und die Lessing- und Römerstraße. Um 1912.

Die Anlegestelle der großen Transport-Zillen, ungefähr beim „Steinmetzplatzl" um 1908 (Obere Donaustraße) in Urfahr. Gegenüber: das Linzer Schloss und in der Donau die „Schwimmschule".

Kleinmünchen (bis 1923 eine eigene Gemeinde, anschließend nach Linz eingemeindet). Eine lithographische „Gruss aus"-Karte von 1898. Zu sehen sind: das „Geschäftshaus Franz Weber, die Volksschule, der Gasthof Paul Ecker, Hagers Haus, die Kunstmühle" und der Ortsplatz. Das Wasser der Traun betrieb bis zu sechs Mühlen.

Raum für Mitteilungen.

Korrespondenz-Karte.

Raum für Mitteilungen.

Korrespondenz-Karte.

Eine lithographische Gruß-Karte von 1898. Sie zeigt die „Poschacher Bierhalle" am Ende der Rudolfstraße in Urfahr gelegen. Ein sehr großer Biergarten der „Poschacher Brauerei", mit vielen Kastanienbäumen. Blasmusik unterhielt die Gäste. Den Kindern „schmeckte das gelbe und rote Kracherl und sie juchzten, wenn es beim Hineindrücken der Verschlusskugel spritzte und schäumte".

Die Kreuzung Figuly-Gärtnerstraße. Ein Karte von der „Papierhandlung Rudolf Christian" - mit einer großen Abteilung für Ansichtskarten. In der Mitte die „Bartenstein"-Villa (Mitbegründer der „Ö.Brau.AG). Sie wurde etwa um 1900 für Martin Bartenstein erbaut. Später wurde hier das „Park-Hotel" samt Parkplatz hingepatzt. Nachfolger wurde die VHS (Volkshochschule).

Raum für Mitteilungen.

Korrespondenz-Karte.

Raum für Mitteilungen.

Korrespondenz-Karte.

Die Schriftstellerin Maria von Petuani (ledige Mitzi Sauer) mit Freunden auf der Promenade, vor der „Linzer Tagespost" (OÖN-Haus). Um 1902.

Sonntag, den 6. März 1904 beim Linzer Promenaden-Konzert.

Beim „Promenadenkonzert" vor dem Landhaus am 6. März 1904.

An der Promenade 3, rechts das Uhrengeschäft von Ludwig Zerrmeyr. Um etwa 1932.

Das „Café Stroissmüller" an der Klammstraße 3. Maria Stroissmüller mit Kind. Etwa um 1900.

Ein Bettler in der Klammstraße (Hintergrund links die Einmündung - Waltherstraße). Etwa um 1935.

Die Konditorei Gröbl (1870 gegründet) an der Klosterstraße 4. Mit Firmlingen um etwa 1930.

Im Hof des Gasthauses „Zur Goldenen Sense" an der Klosterstraße 16. Etwa um 1900.

Die Rathausgasse mit der „Meraner Weinstube" und im Hause Nr. 5 die Geschäfte von Ottilie Wolf und Alois Köck (Glasermeister).

*Das „Städtische Polizeiamt" wurde 1866 gegründet,
an der Pfarrgasse 6 (früher „Untere Pfarrgasse").
Erster Leiter: der „Polizei-Kommissär" Alois Böck.*

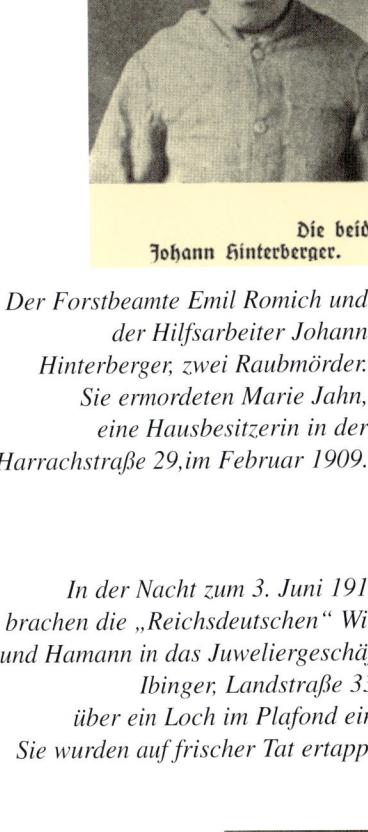

Die beiden Raubmörder
Johann Hinterberger.   Emil Romich.

*Der Forstbeamte Emil Romich und
der Hilfsarbeiter Johann
Hinterberger, zwei Raubmörder.
Sie ermordeten Marie Jahn,
eine Hausbesitzerin in der
Harrachstraße 29, im Februar 1909.*

*In der Nacht zum 3. Juni 1912
brachen die „Reichsdeutschen" Witt
und Hamann in das Juweliergeschäft
Ibinger, Landstraße 33,
über ein Loch im Plafond ein.
Sie wurden auf frischer Tat ertappt.*

*Die „Grafen von Waldegg": sie betrogen
eine Reihe von Linzer Geschäftsleuten um erhebliche Beträge.
Die Eckl-Brüder wurden wegen ihres großzügigen Lebensstils so genannt (November 1920).*

Das Landestheater an der Promenade, vorne rechts die Einmündung zur Lessingstraße. Etwa um 1937.

*Die Schauspielerin Ully Kayser in „Frühlingsluft"
und rechts in „Jung-Heidelberg". 1904–1905.*

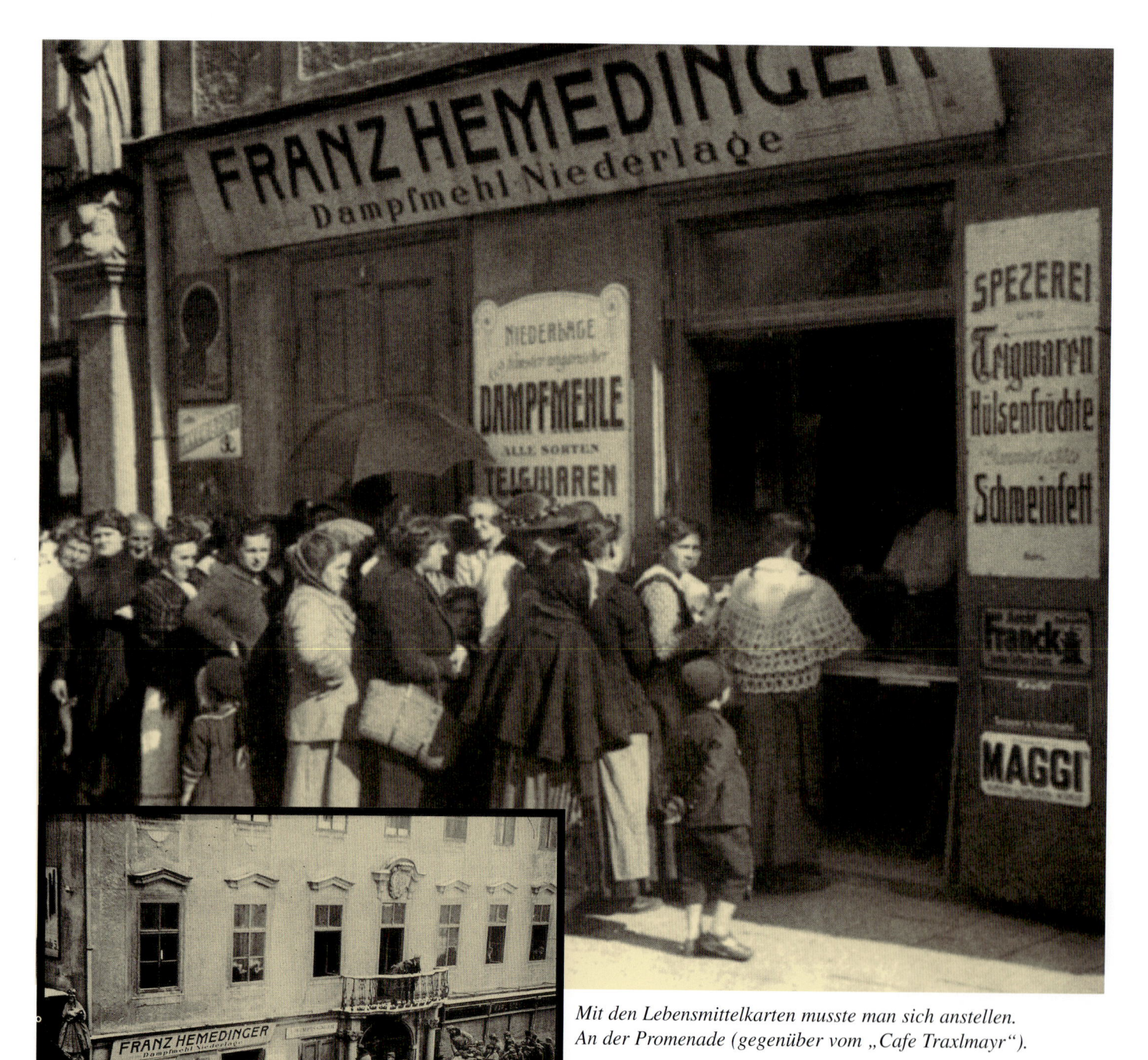

Mit den Lebensmittelkarten musste man sich anstellen.
An der Promenade (gegenüber vom „Cafe Traxlmayr").

Unten: Plünderungen aus Not beim selbigen Händler um 1919.

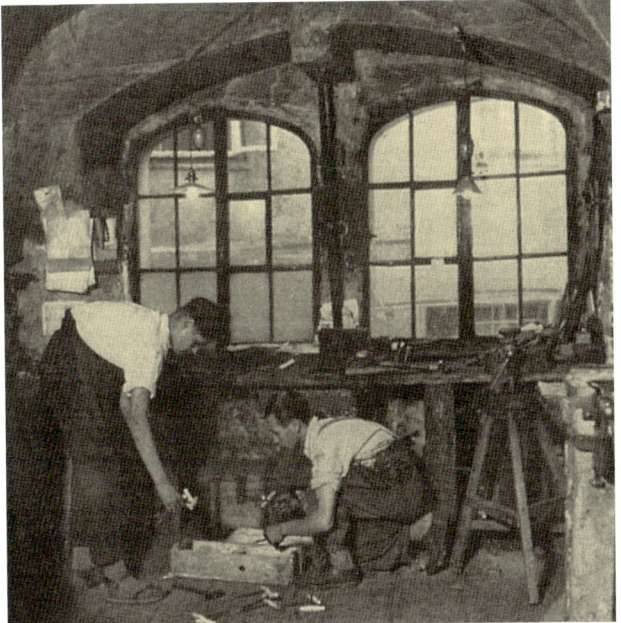

*Die „Bohrerschmiede" an der Hahnengasse 6 (Blickrichtung zur Hofgasse).
Meister Schinwald und Gesellen bei der Arbeit.
„Das Feuer in der Esse, in der gerade ein Stahlstab zum Erglühen
gebracht wird, wird noch mit einem Blasebalg über Fußantrieb angefacht.
Um 1936.*

Alois Kapler's (Inhaber Robert Wenger) „Farben, Lacke, Chemikalien"-Geschäft an der Hofgasse 3. Fotos von August Sander. Um 1909.

Bei Alois Kapler, Hofgasse 3, im Hof. Farben- und Chemikalien-Fässer wurden auf Schienen transportiert. Um 1909.

Promenade 3: Passanten bei der „Wetter"-Säule (Temperatur etc.). Etwa um 1937.

Die Tischlerei Karl Sattler am Tummelplatz 7. Um 1900.

Das „Cafe Schober", Altstadt 1 um 1915. Hier wurde das älteste „ Café "(-Oberhuemer) weit vorher eröffnet.

*Rechts ein Geschäftsschild des Kleiderhändlers Rosenblum, Altstadt 30.
Er wurde von den NAZI-Schergen verschleppt.*

*Das „Konzertcafe-Apollo" war Nachfolger des „Café Schober" (Altstadt 1 oder Hofgasse 15).
Außen und innen um 1929.*

Die Nussmühle (plus Stößel) und verschiedene Formen für Schokokekse und andere Leckereien.

Das Haus Ledergasse 13 (abgerissen 2006), vermutlich aus dem 18. Jhdt.) war Sitz der Zuckerbäckerei von Gabrielle Scheifler, die 1919 auch die Gewerbeerweiterung für „Obst, Gemüse, Kracherl, Galanteriewaren und Schreibutensilien" bekam.

Das „Gasthaus zur Stadt Triest" an der Altstadt 7 mit den Wirtsleuten. Um 1910.

Der Seiteneingang (Zollamtstraße) des „Hotel Weinzinger" (vormals „Erzherzog Karl"). Etwa um 1932.

Ein Bild der Altstadt. Rechts Nr. 7, das „Gasthaus zur Stadt Triest". Das andere, anschließende Haus mit dem Rund-Erker wurde abgerissen. Links hinten das „Kremsmünsterer"-Haus. Etwa um 1925.

*Wasserholen im Stiegenhaus
(Linz Innenstadt-Bassena),
um etwa 1930)*

Die „Strickerei Puchner" am Graben 32b
und rechts daneben im kleineren Haus das „Café Peterseil" nebst Schuster-Schuhgeschäft.
Das Gebäude rechts im Bild – siehe die nächste Seite. Etwa um 1920.

1915 brannte der Dachstuhl des Hauses Graben 32 b (heute ist das „City-Kino" an diesem Standort).

*Bruckschweiger & Kaindl am Graben 11. Auch auf der nächsten Seite im Bild rechts zu sehen.
Die Nachfolger(Erben) gibt es noch heute am Graben 28 (Geschäft). Etwa um 1920.*

Der Graben um 1920. Noch ohne „Freiheitsstraße" – (heute Dametzstraße-Durchbruch). Die Häuser wurden um 1939 abgerissen.

Bauarbeiten neben dem Zollamtsgebäude an der „Rechten Donaustraße". Etwa um 1933.

Die „Lederniederlage MAX BRUDER" an der Fabrikstraße – grenzend an die Rechte Donaustraße. Etwa um 1920.

Der Fischmarkt bei der Schiff-Abfahrtsstelle an der Donaulände/Brücke. Etwa um 1935.

Der Fischmarkt wie auf Seite 78, neben der Brücke.
Wochenendmarkt: Hechte, Karpfen, Rute, Schill, Barben usw. Um etwa 1935.

Das „Strand-Cafe". Direkt vor dem „Elektrobau-Geschäft" von Georg Zauner gelegen (Obere Donaulände 3). Etwa um 1930.

Das „Strand-Cafe", eine „Waschzille" in der Donau und im Hintergrund das Linzer Schloss. Um etwa 1930.

*Den Uhrmacher Emil Fischer gab es an der Oberen Donauländer (gleich nach der Brücke).
(Auf Seite 81 sind die Häuser von der Rückseite zu sehen). Um etwa 1928.*

Der Brückenkopf auf der Linzer Seite (die Straßenbahnhaltestelle war noch bei der „Uhrensäule"). Um etwa 1932.

An der Oberen Donaulände befand sich das Hotel „Roter Krebs" (großer Fässerwechsel an diesem Tag). Etwa um 1930.

*Die „Schwimmschule" an der Oberen Donaulände gelegen („Strombad")
wurde schon im 19. Jhdt. errichtet (etwa um 1892) und bis 1954 betrieben. Etwa um 1928.*

„Sonntagsausflug" zur Schiffsanlegestelle (DDSG/Sicht nach Urfahr) – der Kleine im „Matrosengewand". Etwa um 1930.

Ein Bierauslieferungswagen mit zwei Haflinger-Pferden und unten die „Poschacher Brauerei" in Linz-Lustenau (1854-1921, später unter „Braubank AG").

Bis Ende des 2. Weltkrieges gab es in Urfahr/Rudolfstraße die „Poschacher Bierhalle". Etwa um 1934.

Trinket Linzer Poschacher Biere!

Die Riesenbaustelle hinter der Tabakfabrik: Leibnitz-, Nietzsche-, Hueber-, Wengler-, Holzstraße usw. Etwa um 1939/40.

Wahlplakate in der Innenstadt um 1930. Und eine Kino-Reklame des „Kolosseum-Kino" – damals in der Mozartstraße 4-14 (später am Schillerplatz 1).

„Studium" der Wahlplakate anno 1930.

Der „Winkel" Klammstraße–Hirschgasse 1 (mit Fahrrad).

Marathonlauf etwa um 1937. Die Tankstelle befand sich vor dem Hotel „Roter Krebs" an der Oberen Donaulände. Polizei und Lederhosenträger waren präsent.

*Bloßfüßige Kinder – zu dieser Zeit hatten sie oft nur ein Paar Schuhe – oder gar keine.
ArbeiterInnen, TaglöhnerInnen und Kriegswitwen mit Kindern litten Not und Hunger (an der Weißenwolffstraße). Etwa um 1920.*

Das „Cafe Olympia" an der Zollamtstraße 6 (vormals „Cafe Haslinger"). Etwa um 1937.

Der Neubau der „Nibelungen"-Brücke. Um 1939.

Der Taubenmarkt mit Verkehrspolizist und dem „Kleiderhaus Tiroler". Etwa um 1927.

Drei Frauen vor einem Innenstadt-Gasthaus – beim Gastgarteneingang. Etwa um 1927.

Taubenmarkt / Ecke Schmidtor 1940. Jetzt ist anstelle des „Kleiderhauses Tiroler" ein Friseur-Salon.

Reklameaufbauten für das „Brucknerfest" auf dem Taubenmarkt. Etwa um 1932.

Der Taubenmarkt (bereits mit Kriegspropaganda?) - Blickrichtung Graben mit dem „Martin Sporn Textilienhaus" / Ecke Domgasse. Etwa um 1939.

Asphaltierungsarbeiten (Fugen ausfüllen) und Steine verlegen auf dem Taubenmarkt. Etwa um 1932.

Am Taubenmarkt – Straßeninstandsetzungsarbeiten. Etwa um 1932.

Der „Circus Gleich" ist in der Stadt, besonders zur Freude der Kinder. Auf der Landstraße, Höhe Ursulinenkirche. Um 1932.

Die Zirkuselefanten auf der Landstraße. Auftritt war 1932 im „Variete-Kolosseum" am Hessenplatz.

Die Elefanten vor dem Haus Landstraße 14 – damals Jacob Egger Textilien. Um 1932.

1927 nahm der Fotograf Steiner aus Urfahr dieses Bild auf. Heute ist die „Katzenau" vor allem Hafengebiet und Industriezeile.

Ein Pferdegespann vor einem Innenstadt-Schreibwarengeschäft. Etwa um 1928.

Teerarbeiten auf der Landstraße vor der Apotheke (damals mit Keramik-Fruchtkörben an der Fassade), Landstraße 16. Etwa um 1938.

*Landstraße 17 / Bethlehemstraße: Der „Winkler-Bau" entsteht (siehe auch Band 4, Seite 77).
Rechts sieht man noch einen Teil des „Cafe Derfflinger". Etwa um 1933.*

Eine Lithographie – „GRUSS AUS"- Karte von 1898. Ein Bilderreigen von Linz/Urfahr-Gegenden.

Linz a. d. Donau. Harrachstrasse mit Karmeliter-Kirche

Die Harrachstraße um 1914, Blickrichtung Landstraße. Die Klöster hatten noch Mauern.

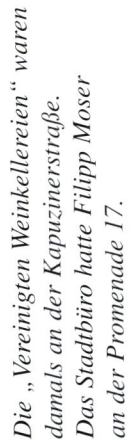

Die „Vereinigten Weinkellereien" waren damals an der Kapuzinerstraße. Das Stadtbüro hatte Filipp Moser an der Promenade 17.

Der Pfarrplatz aus der Neuthorgasse gesehen, links die „Eisenhandlung Lamm", Neuthorgasse 5. Um 1913.

Blick von der Brücke zum Hauptplatz, rechts die „Eisenhandlung Stauber" (Spezialität Kohlenöfen). Um 1916.

In der Altstadt, Hofgasse 11–13, war die „Delikatessen Handlung Reiter" – vormals Johann Aigner. Bilder 1910–1938.

Linz Kleinsiedlung Deutsches-Haus   O. Ö.

Linz Waldeggstraße mit Bauernberg   O. Ö.

1927 verkaufte die Tabak-Fabrik Hans Girlinger an der Unionstraße diese Karte von Waldegg.

Lithographie von Waldegg mit der „Dampf-Wurstfabrik"- Haberkorns Nachfolger und der „Schützenhalle". Um 1910.

Geprägte Lithographie-Karte vom Kaufhaus Alois Rabl. Kleinmünchen um 1910.

Bevorzugte SPORT- UND MODE- Neuheiten 1930

Flott
Elegant
Dauerhaft

HUTFABRIK THOM. JANOUT
LINZ a. Donau

P. T.

Meine Reisevertreter befinden sich auf der **OSTER-NACHTOUR** und ersuche um gefällige Reservierung oder um briefliche Aufgabe Ihres Bedarfes.

Die beiden abgebildeten Hüte werden in Stadt und Land infolge des originellen Aussehens sehr stark gekauft. Diese Neuheiten erzeuge ich in einigen glatten u. melange Farben in schönen Zusammenstellungen.

Hochachtungsvoll
THOM. JANOUT

In Urfahr an der Hauptstraße 58 (Hofgebäude) befand sich die „Hutfabrik Thom. Janout".

Rechts unten – links im Bild T. Janout als Radrennfahrer. Bilder 1925, 1930, 2005.

Eine lithographische Karte zum „Linzer Volksfest" 1905 ging an die Bäckermeistersgattin Anna Selle nach Wesenufer.

Der „Urfahrer Wänd"–Steinbruch: unterhalb ist die Rudolfstraße, oberhalb der „Spatzenberg", das schöne Schloß Hagen und der Pöstlingberg zu sehen. Um 1907.

Stoff-Ansteckfahne der „freiwilligen Feuerwehr" von Urfahr im Jahre 1908.

Links ein Löschwagen vor dem Feuerwehrdepot.

Ein Kleinkind mit seinem Puppenwagen und Kachelofen. Innenstadt um 1928.

Wartende Frau an der Ecke Bischofstraße / Landstraße. Etwa um 1941.

Um 1929 gab es das „Konfektionsgeschäft Walter Eichner" an der Bischofstraße 15.

Ecke Landstraße / Bethlehemstraße die Auslage der „Württembergischen Metallwarenfabrik" (Winkler-Bau). Etwa um 1929.

Etwa um 1935 ist dieselbe Auslage vom „Schuhhaus Karl Feyrer" besetzt und von Kabelverlegungsarbeiten blockiert.

Auch in der Bethlehemstraße 1d (jetzt eine Bäckereifiliale) war damals „Dr. Aigner – Farben Drogerie...". Etwa um 1933.

Kabelverlegungsarbeiten an der Landstraße („ARABIA" – Franz Schachinger, Spezerei und Delikatessen auf Nr. 15). Etwa um 1935.

Eingang zum „Kaffee Zentral" vor der Rudigierstraße. Etwa um 1930.

Im Gastgarten des „Cafe Zentral" an der Landstraße 38 (jetzt eine Bankadresse). Etwa um 1930.

Eine Kellnerin im schönen Gastgarten des „Cafe Zentral". Etwa um 1930.

Nationalsozialistischer Propagandist auf der Landstraße – Taubenmarkt, Höhe Schachermayer, zur Zeit des Uniformverbots 1933.

Ein weiterer NAZI-Propagandist Ecke Spittelwiese / Landstraße. Etwa um 1933.

Das Uniformverbot in Wien 1933 regte die Kolporteure der nationalsozialistischen Presse zu den heitersten Maskeraden an

NAZI-Propagandist auf der Landstraße – das Uniformverbot für die SA führte zu den Maskeraden auch in Linz. Etwa um 1933.

*Das faschistische „Gaupropagandaamt" (Goebbels = „Reichspropagandaminister")
verbreitet seine Lügen über Plakattafeln vor dem Landhaus an der Promenade. Etwa um 1940.*

Die faschistische SA („Sturmabteilung") marschiert mit ihren Schlägern über die Landstraße (Höhe Ursulinenkirche). Etwa um 1939.

Eine Aktion mit „Pferd" und Spendensammler (NSDAP ?) vor der „Linzer Wurstfabrik" – neben dem Eingang des Zentral-Kinos. Etwa um 1939.

Wie auf der Nebenseite 136, nun vor dem „Schuhhaus Eiler" an der Landstraße. Etwa um 1939.

Ein NAZI (SA) marschiert den Graben hinab (mit Versammlungsaufruf-Tafel). Etwa um 1939.

Am 20. April 1933 laden die NAZIS in den Festsaal des Kaufmännischen Vereinshauses in Linz zur Geburtstagsfeier des faschistischen Diktators.

An der Landstraße 37 / 39 wurde Reklame für einen „Riviera-Urlaub" gemacht. Um 1936.

*Ecke Landstraße / Bürgerstraße gab es um 1927 noch das „Auto-Material"-Geschäft von „Gräf & Stift".
Später zieht hier der Feinkosthändler Samhaber ein.*

1936 gibt es an der Landstraße 63 den Feinkosthändler Samhaber.

Feinkosthändler Leopold Samhaber in seinem Geschäft.

Die Bethlehemstraße etwa um 1928.

An der Bethlehemstraße 14 gab es den „Glaser – Glashändler" Franz Geback (Vorgänger der Fa.Prat). Etwa um 1910.

*Auch an der Harrachstraße 26 eröffnete Friedrich Utz eine „alkoholfreie Gastwirtschaft", die bis etwa 1925 bestand.
Im kleinen Bild der Vorgänger: Haslingers „Zur Austria" (etwa 1906–1916).*

Das Gasthaus „Zur Deutschen Fahne" an der Bethlehemstraße 68 (1881–1919). Karte von 1912.

Karl Hrosek, Fotograf, Wien XVI.

Schöner schattiger Garten.
Billige Fremdenzimmer
stets zur Verfügung.

Gruss aus Linz.
Jos. Kaltenbrunner's Gasthof
„zur goldenen Sonne",
Marienstrasse 5.

Hier grüßt Josef Kaltenbrunners Gasthof „Zur Goldenen Sonne" an der Marienstraße 5 (später ein „China-Restaurant"). Karte von 1904.

Wirtin und Personal vor dem Gasthof „Zum Grünen Baum", Bethlehemstr. 4. Foto-Karte von 1910.

Ein Zirkuselefant des „Circus Gleich" beim Kolosseum-Varietétheater am Hessenplatz. Um 1932.

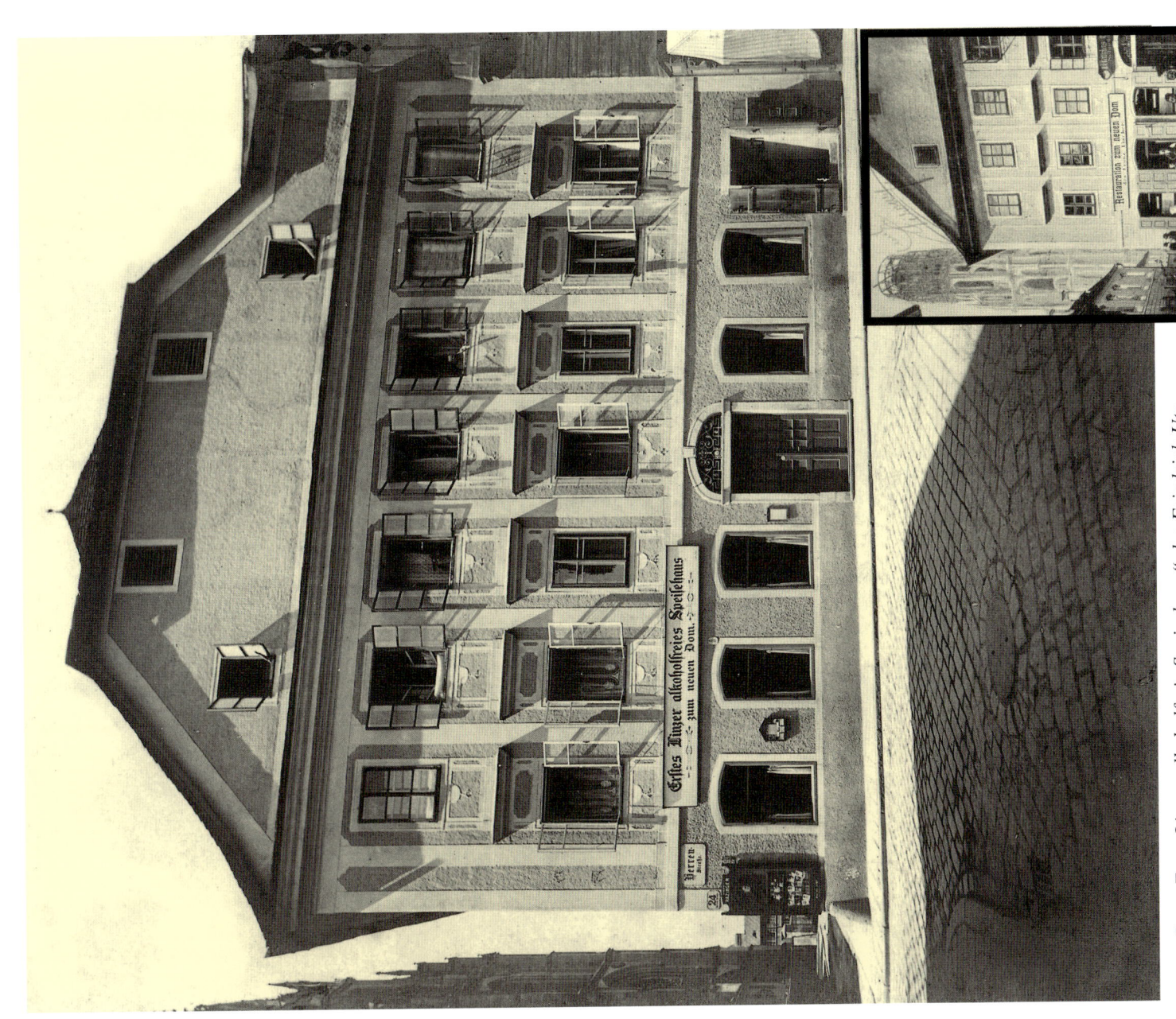

Das „Erste Linzer alkoholfreie Speisehaus" des Friedrich Utz wurde an der Herrenstraße 24 / Baumbachstraße 2 betrieben, um etwa 1920 (vorher Restaurant „Zum neuen Dom" - siehe kleines Bild von 1900).

Das Speisehaus des Friedrich Utz an der Herrenstraße 24 / Baumbachstraße 2. Etwa um 1920.

Der Speiseraum der „alkoholfreien Gastwirtschaft". Etwa um 1920.

Auf dem Auerspergplatz sitzt eine Mutter mit ihrem Kind vor dem Gasthof „Stadtgut"- siehe auch Seite 155 (heute Zahnlabor).

Auf dem Kinderwagen der Mutter steht „Wien–Linz–Klagenfurt" - „Mit dem Kinderwagen quer durch Österreich". Etwa um 1937.

Teerarbeiten auf der Volksgartenstraße vor dem Gasthof „Stadtgut"/beim Auerspergplatz. Etwa um 1935.

Beim Eingang zum „Städtischen Volksgarten" an der Goethekreuzung. Etwa um 1930.

Die Kreuzung Waldegg - Weingartshofstraße etwa um 1925. Rechts das Gasthaus „Zur Lokomotive".

Auf dem Eislaufplatz, etwa um 1930 (Hessenplatz?).

Der „Marktplatz" (heute Hessenplatz) als Weihnachtsbaummarkt, etwa um 1935. Bild rechts zeigt einen Markttag auf demselben Platz. 1892 es war der letzte Jahrmarkt auf diesem Platz.

„Spezerei, Landesprodukte, Holz-Kohlen-Handlung Johann Lehner", an der Römerstraße 40. Etwa um 1908.

Dasselbe Geschäft an der Römerstraße 40 etwa um 1915, samt Familie Lehner.

Etwa um 1933 wurden diese Aufnahmen von Alois Lehner (neues Haus und Geschäft) gemacht.

Unten: der Verkaufsraum mit Waage und Bohnenkaffee-Abfüllbehälter.

Unten links: Eine Frau vor ihrem neuen Radio.

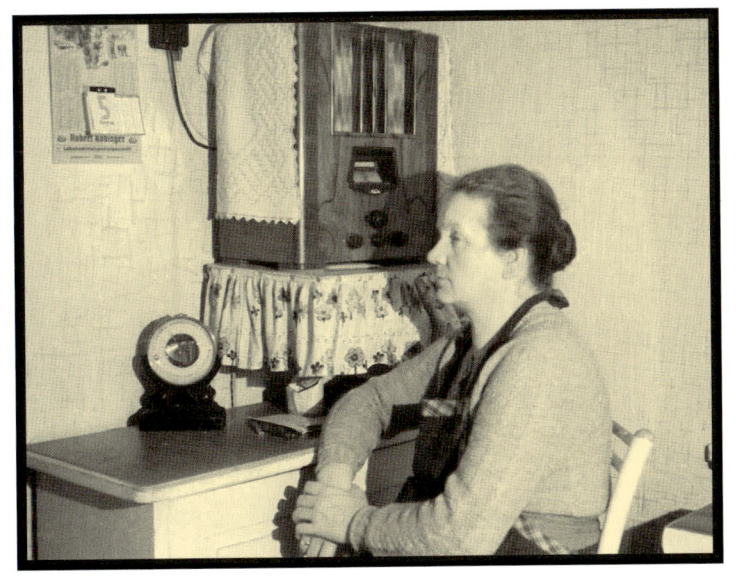

Ein Blick auf die Domgasse, etwa um 1925. Hier stand ein Tabak-Trafik-Häuschen, dessen Betreiberin Theresia Radlinger im Jahre 1908 , vom Schlosser Josef Hones überfallen wurde. Vom benachbarten Postamt kam ihr ein Angestellter zu Hilfe, sodass der Kampf um ihr Leben zu ihren Gunsten entschieden werden konnte (9. März 1908, 19 Uhr). Hones wurde zu sechs Jahren schwerem Kerker verurteilt.

Die Fleischhauerbude und Würstelstand in der Domgasse. Etwa um 1930.

*Die Kreuzung Weißenwolff–Nietzsche–Garnisonstraße.
Das Hotel im Bau, die Straßenbahn „M-Linie" und ein Soldatentransfer (Gefangene?) ist zu sehen. Um 1942.*

Dieselbe Kreuzung etwa um 1943.

Die Mozartstraße 5 mit der „Beamtenbank Graz" und einem „Selchwarengeschäft". Etwa um 1930.

Das „Jax"-Haus (Nähmaschinen – Fahrräder), im kirchlichen Besitz, wird abgerissen. An der Mozartkreuzung um etwa 1931.

Die Kreuzung Eisenhand–Mozartstraße, etwa um 1929.

Die Endstelle der „M-Linie"-Straßenbahn an der Weißenwolffstraße um etwa 1928. Sie fuhr zur Waldeggstraße.

Die Kreuzung Mozartstraße–Eisenhandstraße (Blickrichtung Gruberstraße). Mit dem Pavillon der „Linzer Wurstfabrik", etwa um 1928.

Die Tankstelle von „Stiglechner" an der Wiener-Reichsstraße 151.

Die „Linie V" der Straßenbahn an der Blumauerstraße / Landstraße. Mit Uhrensäule und Würstelstand. Etwa um 1930.

Kleinmünchner-Platz um 1902 auf einer blau gedruckten Ansichtskarte.

Ebelsberg um etwa 1928.
Holzsammlerinnen, und abholbereite
Milchkannen waren zu dieser
Zeit noch sehr häufig anzutreffen.
Bild unten: Gruppenfoto auf der Ebelsberger Brücke.

Kleinmünchen auf einer Karte von 1909 an „Marie von Pirchner" in Meran.

*Der Bahnhof von Ebelsberg.
Etwa um 1927.*

*Ereignis in Kleinmünchen.
Etwa um 1930.*

Elektrizitätswerk Oweak

Welser Reichstraße

Daningers = Gasthaus

„Franz Daningers Gasthaus" in Wegscheid und ein Stück der Welser Reichstraße. Um 1926.

Die Kepplerstraße (heißt jetzt Lederergasse) und die Prunerstraße, mit der "Ersten Linzer Volksküche". Um etwa 1900.

Pferdefuhrwerk beim „Prunerstift" (heutige Musikschule) auf der Prunerstraße. Etwa um 1928.

Die Wiener-Reichsstraße beim Bahnübergang (vor der Untertunnelung bei der Blumau). Im Hause Nr.1 war das Hotel „Herrenhaus". Etwa um 1930.

Das Gasthaus von Johann Mayer an der Wiener-Reichsstraße 6. Um 1903.

Vermutlich Arbeiten an einer Telefonleitung (an der Hirschgasse ?). Um etwa 1930.

*Viele Leute konnten sich den Eintritt
in das „Stadion" innerhalb der
„Lustenau" -nahe der
„Spatenbrotwerke" (heute ist hier
die „Industriezeile" mit dem
„Cineplexx"-Kinocenter),
nicht leisten.
Sie schauten sich Fußballspiele
durch Gucklöcher und Spalten
im Holzzaun an.
Um etwa 1929.*

Urfahr

Im Zuge des Brückenneubaus werden 1939 viele alte Häuser der Hauptstraße niedergerissen.

Ungefähr von der Position des „Café Landgraf" aus gesehen, die Demolierung beginnt. Etwa um 1939.

„Erstes alkoholfreies Speisehaus Urfahr" („Mittelstand-Kriegsküche des österr. Mittelstandsvereines"). Hauptstraße 1 um etwa 1915.

An der Haupt,- Rudolfstraße 1 befand sich die „Spezerei-Kolonialwaren" Karl Pichler. Etwa um 1935.

Die Gstöttnerhofstraße. Etwa um 1928.

Der Hof der „Mehl + Produktehandlung Franz Schierz" und des Gasthofes „Zum Goldenen Ochsen". An der Hauptstraße 10, um 1902.

Franz Schierz und Begleitung im "Einspänner" an der Hauptstraße 10. Etwa um 1905.

Franz Schierz:
„Pressgerm von der
Fa. Kirchmeir,
Dampfteigwaren,
Weizen-, Roggen-,
Gerstenmehle,
Polenta,
Feigenfrüchte und
Kukuruz" waren
auf Lager.

Kleines Bild unten:
Die Hauptstraße
um 1903, links das
„Cafe Kaiserhof"
(später „Cafe
Landgraf")
und der Schierz-Hof.

Straßenbahngeleise-Erneuerung vor dem „Hotel Achleitner" an der Hauptstraße (Kreuzung Rudolf- / Ferihumerstraße). Um 1942.

„Fast fertig!" Im Hintergrund der schöne Gasthof „Zur Stadt Budweis". Um 1942.

An der Hauptstraße 41 war das
„Delikatessen–Spezereiwaren"-Geschäft des Anton Koller.
Nebenan im kleineren Haus Nr. 39
die „Likör-Fabrik" des Adolf Guttmann.

Kleines Bild rechts: die Ansicht (auf der rechten
Seite das Geschäft Anton Koller`s) bis zur „Biegung"
mit dem „Cafe Reklame" (heute eine Bank). Um etwa 1908.

1938 ist der faschistische Diktator Adolf Hitler in Linz. Auf der Hauptstraße in Urfahr warten die NAZIS.

Große Gesellschaft vor dem Gasthaus „Zum Tiroler" am Starhembergplatz 9, heute Bernaschekplatz. Etwa um 1935.

Ein tödlicher Autounfall in der Webergasse (vor der Weberschule). Um 1925.

An der Maximilianstraße 4 (heute Ottensheimerstraße) gab es den Gasthof „Zum Schwarzen Rössl", um etwa 1910 (siehe auch Band 1, Seite 174).

Johann Gattinger vor seiner „Flaschenbierabfüllerei" an der Webergasse 11. Etwa um 1925.

Die „Flaschenbierabfüllerei" Gattingers an der Webergasse 11, um etwa 1925.

Johann Gattingers „Bier-Depot", „Bier-Abfüllerei" und „Fleischerei" an der Webergasse 11. Um etwa 1925.

Die „Eierteigwaren- und Maccaroni-Fabrik" stand an der Mittelgasse.

Geschäfts- bzw. Rechnungs-Briefkopf von 1903.

Etwa um 1950 brannte das „Holz-Kohlenlager F. Koller" an der Kaarstraße / Stadlbauerstraße.

Die Kohlenauslieferung von F. Koller, an der Stadlbauer-Jäger-Kaarstraße.

Die Waschzille an der Oberen Donaustraße in Urfahr vor dem „Nunwarz (Fotograf) -Haus".
Buben und ein riesiger Anker beleben das Bild.
Etwa um 1939.

Das Wäschewaschen an den Bächen und an der Donau war eine harte Frauen-Arbeit. Gelenksentzündungen und Hauterkrankungen waren nicht selten. Um etwa 1928.
Bild unten ein Gewerbebetrieb.

Die Siedlung Seminar auf dem Auberg / Petrinum. Etwa um 1928.

Josef Peneder

Holz- und Stoffpantoffel-Erzeugung

mit elektrischem Betrieb

Maximilian-straße 40   **Urfahr-Linz**   Rosenstraße Nr. 2.

Das Hochwasser 1954 in der Ottensheimerstraße (früher Maximilianstraße genannt). Rechts vorne (Mitte) Peneders Haus.

Das „Klangfilm-Kino" an der Rudolfstraße mit 500 Sitzplätzen (incl. Balkon und Buffet, hier der Ausgang in die Kreuzstraße). Es wurde am 10.Oktober 1932 von Johann Mittermayr eröffnet (mit dem Film: "Mata Hari" -mit Greta Garbo).

KLANGFILM-KINO
Urfahr
Rudolfstraße 17 / Tel. 31 200

OKTOBER 1962

BEGINNZEITEN. Montag bis Freitag jeweils um 15.30, 18 und 20.15 Uhr. Samstag, Sonn- u. Feiertag: 13.45, 16.00, 18.15 u. 20.15 Uhr
KASSA ERÖFFNUNG täglich ab 14.30 Uhr
Samstag ab 13 Uhr
Sonn- u Feiertag 9.30 bis 11.00 Uhr u. ab 13 Uhr

Johann Mittermayr war der Besitzer des Gasthauses „Zum Mühlviertler" am Graben 24. Zur gleichen Zeit wurde das Kino Katarik an der Hauptstraße 1 wegen „baulicher Unzulänglichkeiten" geschlossen.
Nach dem 2.Weltkrieg traten nach den Abendvorstellungen „brotlose" Künstler auf: Paul Hörbiger, Gunter Philip, Rudolf Karl, Maria Andergast u.a.
Frau Mittermayr führte nach dem Tode ihres Mannes das Kino bis 1960 weiter, dann übernahm ihr Sohn Josef Klingeisen bis zur Schließung 1975. Von 1976-1988 war hier ein „KONSUM"-Geschäft - heute ist hier das Tanzstudio Union Tanzsportclub. *Kino-Reklamen von 1962.*

Sonntag, 7. u. Montag, 8. Oktober
Frei für Jugendliche über 16 Jahre
MACHEN WIRS IN LIEBE
Eine musikalische Komödie voll Schwung, Melodien und Liebe mit Marilyn Monroe u.v.a.

Dienstag, 9. Oktober   Frei f. Jugendl. über 16 Jahren!
DIE MONGOLEN
Monumentalfilm um Dschingis Khan und seine Horden mit Anita Ekberg und Jack Palance.

Mittwoch, 10. Oktober Frei f. Jugendl. über 16 Jahren!
RIO GRANDE
Ein spannungsgeladener Edelwild-Western mit JOHN WAYNE u.v.a.

*An der Kirchengasse 1 gründete A. Schachner das „Resten-, Schnitt- und Weißwarengeschäft", etwa um 1910.
Später führte L. Schachner das Geschäft weiter.*

A. Schachner, Urfahr
Resten-, Schnitt- und Weißwarengeschäft
Kirchengasse № 1

Urfahr, am 16. Feber 1920

Die Kirchengasse mit dem Geschäft von August Schachner (jetzt auf Nr.4) und der „Likör-Fabrik" Janota.

Die „Canditen- und Liqueur-Fabrik" Janota an der Kirchengasse 4. Davor das Gasthaus Steininger.

Auf der Hauptstraße vor dem Gasthof „Zum Goldenen Ochsen": ein Polizist und ein junger Radfahrer. Etwa um 1936.

Die Linke Brückenstraße. Ungefähr in der Mitte des Bildes: die großen „Hitler"-Bauten an der Harruckerstraße. Etwa um 1941.

1954 war das Lagerhaus „Karl Albert" (Großhandlung für Sanitäres, Installationen, Rohre, Armaturen, ...) vom Hochwasser eingeschlossen (auch „Rocky-Tocky-Haus" unter Kindern genannt).
Vorher gehörte es zum Schotterwerk Mitteregger.

Ideal
Frisier- u. Kosmetiksalon
K. Adam
Linz-Urfahr, Nestroystraße 8-10
Telefon 31 6 93

Ein Urfahrer Segler (vom Steinmetzplatz gestartet) legt weiter oben – am Ende der Ottensheimerstraße / Donaustraße – an. Etwa um 1940.

215

Die Freistädterstraße, (ungefähr) in Steg. Links eine Tabak-Trafik. Um 1954.

Die Schwarzstraße / Ecke Leonfeldnerstraße (an der damals noch viele Bäume standen). Blick stadtauswärts. Etwa um 1942.

Faschistische Propagandatafel am Hinsenkampplatz. Etwa um 1942.

Urfahrmarkt 1936-1939

Urfahrmarkt – etwa 1940. Die Nazipropaganda macht nicht einmal vor den Kleinkindern halt.

„Wunder der Neuzeit". Eintritt: 50 oder 30 Groschen. Auf dem Urfahrmarkt 1930.

„Autodrom"-Spaß, etwa um 1930.

Klein-Karussell um 10 Groschen.

222

Eine (Ketten-)Entfesselungskünstlerin. Im Hintergrund die „Haas-Bierhalle", Poschacher-Bier (Haas vom Gasthaus „Zum Elisabethbad").

Das „Astralweib mit dem durchsichtig-astralisierten Körper" gab es hier zu sehen.

„Autodrom"-Vergnügen für Jung und Alt.

Akrobaten auf dem Seil („Seiltänzer"). Urfahrmarkt-Ereignis anno 1932.

„Wunder der Neuzeit": „Marino – die Dame als lebender Gasometer".

Zu dieser Zeit wurden noch Bären zur Belustigung dressiert, sprich gequält.

„HATA YOGA" gab es in dieser „Schau-Bude". Urfahrmarkt anno 1930.

„Straßenbahnfahrt" auf dem Urfahr-Markt.

Waghalsige „Schifferl"-Hochschaukeleien auf dem Urfahr-Markt (gleich neben der Donau).

Kinderarbeit auf dem Urfahr-Markt : Kartoffelschälen.

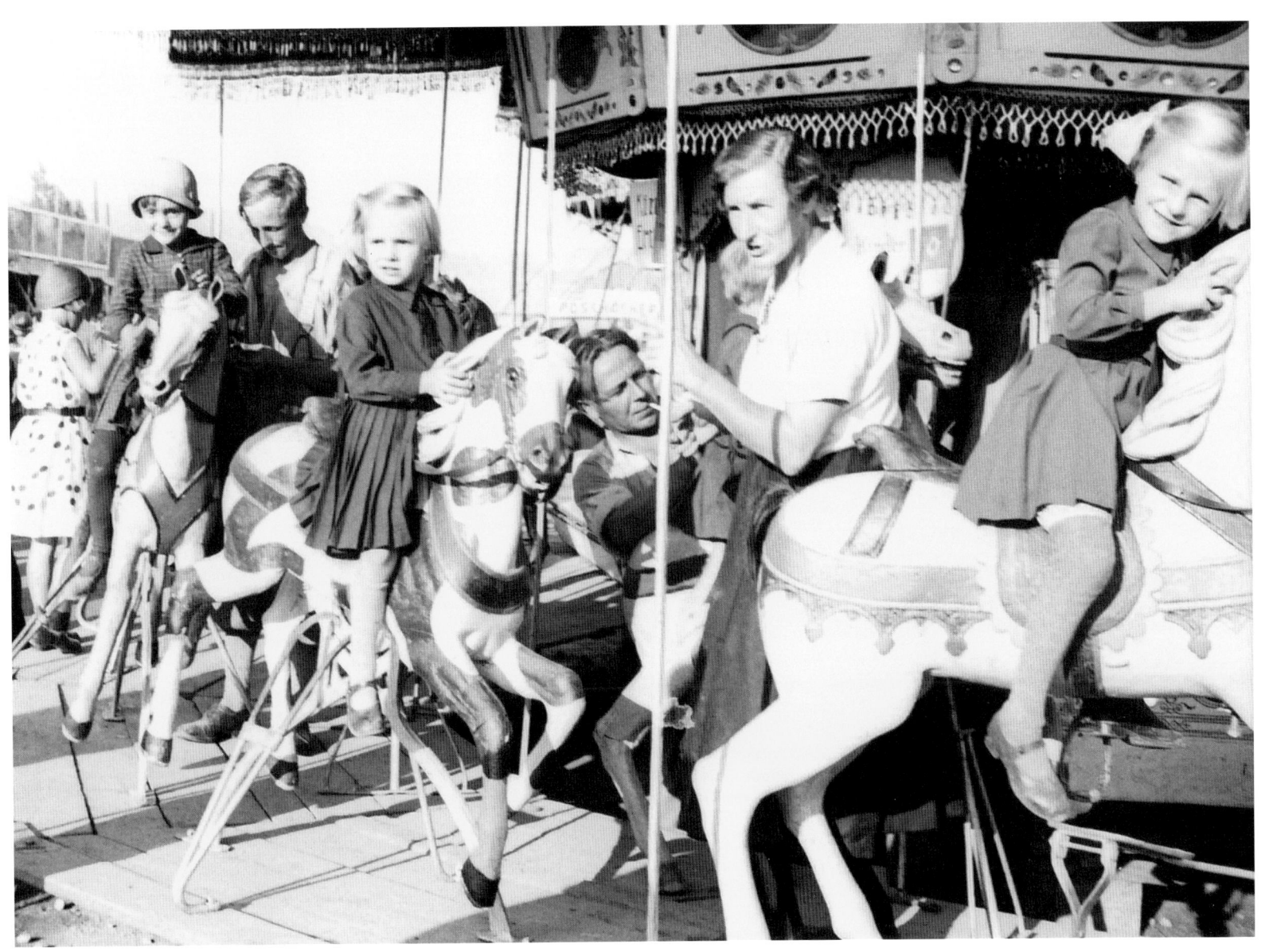

„Pferdlreiten", ein Vergnügen für die Kleinkinder.

REGISTER

Achleitner -(Hotel,-Gasthof)   194
Altstadt   66-69, 71, 112, 114
Armut   93
Auerspergplatz   154, 155
Austrofaschismus   33, 35
Autounglück   193
Apotheken   21, 27, 103, 107, 197

Badetag   38
Baumbachstraße,   152
Bethlehemstraße   108, 126, 144, 145, 147, 149
Biegung   196
Bischofstraße   123
Blumau   174
Bohrerschmiede   61
Bruckmüllerhaus-Brückenkopf/Urfahr   188
Brucknerfest   98
Brückenkopf -Brückenbau   31, 83, 94, 186-187
Bruckschweiger   74-75

Cafe's :   Apollo   67;   Olympia   94;   Reklame   196
Schober   66;   Seitz   23, 34;   Strand-Cafe   80-81;
Stroissmüller   52;   Zentral   128-130;

Dametzstraße   75
Delikatessen: Arabia   127;   Samhaber   141-143
Donaulände: 78-79, 80-82, 85-86, 92
Domgasse   41, 164-165

Ebelsberg   176, 178
Ehrentletzbergerhaus   27
Eierteigwarenfabrik   203
Eislaufplatz   159
Eisenhandstraße   170

Fabrikstraße   77
Familie Depil   40
Feuerwehr   45, 120
Flaschenabfüllerei(Bier)   201-203
Fischmarkt   78-79
Fleischhauer   165
Freinberg   109

Freistädterstraße   216
Funke & Loos   19, 21, 28

Gasthäuser :   Danninger 179;   Erstes Linzer
alkoholfreies Speisehaus Herrenstraße 151-153;
Linzer alkoholfreie Gastwirtschaft -Harrachstraße
-146, -in Urfahr 188;   Restauration zum Neuen
Dom 151;   Zum grünen Baum 149;   Zum Tiroler
198;   Zum schwarzen Rössl 200;   Zum goldenen
Ochsen 191, 213;   Zum Stadtgut;   Zur goldenen
Sense 55;   Zur Austria 146;   Zur deutschen
Fahne 147;   Zur goldenen Sonne 148;   Zur Stadt
Triest 69, 71;   Zur Schiffmühle 109;
Goethe-Kreuzung   157
Graben   72-75, 99, 138
Gstöttnerhofstraße   190

Hagen (Schloß)   120
Hahnengasse   61
Harrachstraße   110, 146
Hauptplatz   12-15, 17-21, 23- 37, 40, 113,114
Hauptstraße   118, 186-197, 213
Herrenstraße   151-153
Hessenplatz   150, 160
Hinsenkampplatz   194-195, 218
Hirschgasse   91, 184
Hochwasser   208, 215, 216
Hofgasse   62-63, 114
Holzstraße   88
Hotels: 166-167, Lokomotive 158; Achleitner 194;
Budweis 194-195;   Roter Krebs 84, 92;
Weinzinger 70; Herrenhaus 182;
Hutfabrik - Janout   118

Janota - Likörfabrik in Urfahr   212

Kaffeerösterei Max Christ   20-21, 29, 35
Kaarstraße   204-205
Kapler-Farben-Hofgasse   62-63
Katzenau   105
Käse-Reiter-Aigner-Hofgasse   114
Kepplerstraße   180
Kinder   18, 24, 28, 38, 54, 60, 65, 69, 72, 79, 85, 86, 93, 121, 154-155
Kinos: Klangfilm 209;   Kolosseum 89
Kirchengasse   210-212
Kleinmünchen   175, 177

Kleiderhaus: Eichner Walter 123,   Rosenblum 67
Kleiderhaus Tiroler   95
Klammstraße   45, 52-53, 91
Klosterstraße   54-55
Konditorei   54
Konsum   209
Kraus & Schober   14-15, 36, 41
Kreuzstraße   209
Koller - Kohlenhandlung   204-205

Landstraße   102-104, 106-108, 122, 124-125, 127, 132-137, 140-143, 157, 174
Landestheater   48, 58-59
Lederergasse   68, 180
Leder-Niederlage Max Bruder   77
Leonfeldnerstraße   217
Linke Brückenstraße   214
Linzer Tagespost   49
Lustenau   185

Martinskirche   109
Markt+Marktfahrerinnen   24-28, 35, 44
Maschinenstrickerei Puchner   72
Marathonlauf   92
Marienstraße   148
Meraner Weinstube   56
M-Linie -Straßenbahn 93, 166-167, 170-172
            Nachsatz
Mozartstraße-Mozartkreuzung   168-172

Nationalsozialismus in Linz: 15, 17, 31, 131-139, 218-219
Neuthorgasse   112
Nietzschestraße   88, 166
Not   60, 93

Ottensheimerstraße   200, 208
Obere Donaustraße in Urfahr   215

Petuani, Maria von (geb.Mitzi Sauer)   49
Pfarrplatz   112
Peneder - Holz-und Stoffpantoffel   208
Pferde   32, 106, 165, 174
Poschacher Brauerei   59, 87, 111

Pichler-Kolonialwaren (Urfahr)   189
Polizei   35-36, 57, 95, 98, 213
Promenade   44-51, 58, 60, 64, 111, 134
Prunerstraße   180-181

Rathaus Buffet   34
Rathausgasse   56-57
Radio   163
Rechte Donaustraße   76
Rendlhof   39
Römerstraße   48, 161-163
Rudigierstraße   128
Rudolfstraße   120, 189, 194-195, 209

Seminarstraße   207
Spatenbrotwerke   136
Steinmetzplatzl - Segler   215
Steg   216
Strand-Cafe   80-81
Schachner Textilien   210-211
Schierz Franz-Mehlniederlage in Urfahr   191-193
Schifffahrt-Dampfschifflände   86
Schmiedtor   37, 42-43
Schuhhaus Karl Feyrer   125
Schwarzstraße   217
Schwimmschule   85
Soldaten   166
Spezerei: *Lehner Johann 161-163; Koller Anton 196 + Vorsatz; Pichler Karl 189;*
Spittelwiese   132
Sportplatz-Fußball   185
Stadtrand   22, 176, 179
Stauber Julius - Eisenhandlung   113
Straßenbahn - Schienenverlegung   194-195
Stadlbauernstraße   204-205
St.Margarethen   109

Tabakwerke- Fabrik   88
Taubenmarkt   95-101, 131
Teigwarenfabrik- Urfahr   203
Tischlerei   65
Tummelplatz   65

Urfahr *ab Seite 186*

Urfahrmarkt   219-233
Urfahr Wänd   120

V-Linie - Straßenbahn   174
Viehtrieb   39
Volksgarten   157
Volksgartenstraße   156
Volksfest   119
Volkstheaterschauspieler in Urfahr   209

Wahl-Propaganda-Plakate   89-90
Wassersprengwagen   16
Waldegg   115, 116
Waschzille   81
Waschfrauen   206
Wegscheid   179
Weissenwolffstraße   93, 166-167
Webergasse   199, 201-203
Welserstraße   179
Weingartshofstraße   158
Wiener Reichstraße   173, 182-183
Winkler-Bau   108, 124-125, 127
Wurstfabrik   136, 172
Württembergische Metallwarenfabrik   124

Zerrmeyr Ludwig-Uhren   51, 64
Zirkus   102-104, 150
Zollamtstraße   70
Zuckerbäckerin Gabrielle Scheifler   68

✽✽✽✽✽✽✽✽✽✽✽✽✽✽✽✽✽✽✽✽

**Werte Leser- und BildbetrachterInnen !
Falls Sie noch interessante <u>Fotos</u> oder
<u>Ansichtskarten</u> Zuhause haben und diese
verkaufen wollen, so mache ich Ihnen
dafür gerne ein sehr gutes Angebot.
Ich bin auch <u>für gute Kopien dankbar</u>.
Tel.: 0732/73 85 75 oder 0699/ 11 99 66 51
E-Mail: helmut.beschek@liwest.at
Harruckerstraße 4, 4040 Linz.**

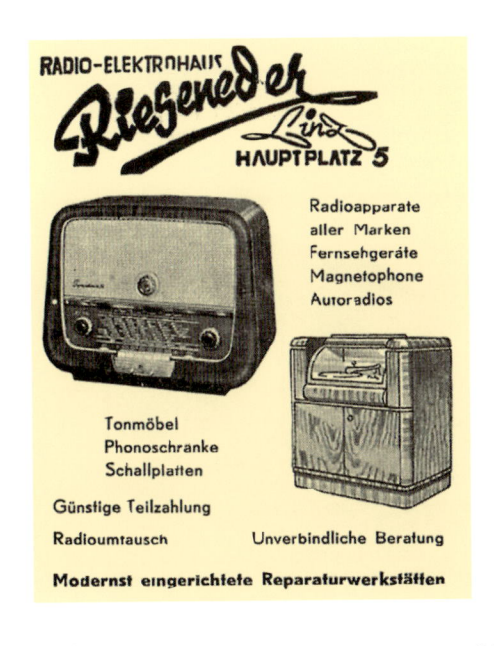

✽✽✽✽✽✽✽✽✽✽✽✽✽✽✽✽✽✽✽✽

< *Linz und Urfahr in alten Ansichten   Band 1* >
1897-1930

Es handelt sich um eine Raritätensammlung von sehr, sehr seltenen historischen Ansichtskarten, Fotographien und Dokumenten aus der Zeit von 1897-1930. Ein heimatkundliches Schau-und Nachschlagewerk, ein bibliophiles Sammlerstück Nicht nur von der „guten alten Zeit"-die es nie gab -soll geschwärmt werden. Es soll ein Ausschnitt des Lebens in dieser Stadt gezeigt werden. Das Leben, die Alltagskultur, seine Bevölkerung. 2004 Seiten, in Schwarz-Weiß und in Farbe. Bestellungen der voraussichtlich bald vergriffenen 2.Auflage, im Buchhandel und direkt mit Signierung beim Verlag, € 37,–

LINZ
BAND 2 : Von Ebelsberg bis Urfahr 1925 - 1965

Mit rund 400 Abbildungen, 220 Seiten stark.
Preis: 37,– Euro, Linz, gering modifizierte Neuauflage 2003,
von Mag. Helmut Beschek.
Dieses Buch zeigt mit seltenen historischen Fotographien, Ansichten und Dokumenten, den historischen Entwicklungsprozeß dieser Stadt. Ein heimatliches Schau- und Nachschlagewerk, ein bibliophiles Sammlerstück. Das Leben, die Alltagskultur der Linzer wird in einem spannenden Bilderbogen gezeigt.

Direkt beim Verlag
(oder in jeder guten Buchhandlung) bestellen :
* Mag. Helmut Beschek (Bücher werden signiert)
Harruckerstraße 4, 4040 Linz,
Tel. und Fax: O732 / 73 85 75 oder Tel.: 0699 / 11996651

Die Donaustadt Linz
Linz und Urfahr in alten Ansichten, Band 3 - Von Pichling bis Urfahr
1880-1975, Bilder und Geschichten, Einst und Jetzt

Urfahr: Die Molkerei Kitzmüller am Steinmetzplatzl.

Hunderte Abbildungen, 216 Seiten stark, in Farbe und Schwarz - Beige, Preis 37,– Euro, Linz 2001. Wie war die Stadt, wie sah sie aus, wie lebten die Menschen in ihr. Mit Hilfe der zeitgenössischen Fotografie, Geschichten und Dokumenten versucht dieses Buch den historischen Entwicklungsprozess zu dokumentieren. Ein spannender Bilderbogen durch die Alltagskultur der Stadt.

Der Hinsenkamp-Platz in Urfahr, etwa um 1954.

Das Gasthaus „Zur Stadt Steyr", an der Seilerstätte 19.

Oben: die ersten Fernseher in Österreich 1.8.1955.
Unten: das „Rosenstüberl" („RO") mit den Flamingos.